Harald Harzheim

Platos Höhlenkino – eine Metaphysik des Films

Harald Harzheim

Platos Höhlenkino – eine Metaphysik des Films

Texte aus dem Roadmovie46-Blog

Bloggingbooks

Impressum / Imprint
Bibliografische Information der Deutschen Nationalbibliothek: Die Deutsche Nationalbibliothek verzeichnet diese Publikation in der Deutschen Nationalbibliografie; detaillierte bibliografische Daten sind im Internet über http://dnb.d-nb.de abrufbar.

Bibliographic information published by the Deutsche Nationalbibliothek: The Deutsche Nationalbibliothek lists this publication in the Deutsche Nationalbibliografie; detailed bibliographic data are available in the Internet at http://dnb.d-nb.de.

Coverbild / Cover image: www.ingimage.com

Verlag / Publisher:
Bloggingbooks
ist ein Imprint der / is a trademark of
AV Akademikerverlag GmbH & Co. KG
Heinrich-Böcking-Str. 6-8, 66121 Saarbrücken, Deutschland / Germany
Email: info@bloggingbooks.de

Herstellung: siehe letzte Seite /
Printed at: see last page
ISBN: 978-3-8417-7002-8

Inhaltsverzeichnis

EINLEITUNG

Film – das ist versuchte Antwort auf die Urfragen der Menschheit. Als Erfindung des 19. Jahrhunderts griff er jene metaphysischen Probleme auf, die zeitgenössische Philosophen, im Zuge des Materialismus, zunehmend marginalisierten. Außerdem fand das Medium Film bereits im antiken Denken eine Antizipation auf metaphorischer Ebene: Als Höhlengleichnis des Plato oder im mystischen Lichtstrahl des Dionysius Areopagita.

Erste Versuche zur Herstellung bewegter Bilder lassen sich, im religiös-rituellen Kontext, bereits in persischer Bronzezeit nachweisen.

Weil der Film Antworten auf menschliche Urfragen versucht, muss man ihn als Bestandteil globaler Geistesgeschichte verstehen. Das intendieren die vorliegenden Blogtexte, in dem sie das Phänomen Film aus unterschiedlichen Perspektiven beleuchten. Dass die sich inhaltlich an mancher Stellen schneiden, ist unvermeidlich.

Der sogenannte "Horrorfilm" beansprucht dabei eine privilegierte Position. Hat er doch die existenziellen Fragen nach Zeitlichkeit, Angst, Entfremdung und Tod am radikalsten bearbeitet. Aus gleichem Grund lassen sich Filme schwerlich ohne Biographie ihrer Hersteller beschreiben. Damit sind aber keineswegs nur Regisseure gemeint, sondern auch die Darsteller/innen, in deren Werk man ebenfalls thematische und ästhetische Leitmotive findet. So demonstrierte Sylvia Bataille in "Une partie de campagne" ebenso originell die "Tränen des Eros", wie es ihre Ehemänner George Bataille und Jacques Lacan als Autoren taten.

Die vorliegende Textsammlung versteht sich als Gegenentwurf zur zeitgenösischen Praxis, Film ausschließlich als Code gesellschaftlicher Zustände zu lesen. In diesem Medium ist der Mensch als Ganzes, einerseits soziales, aber auch psychisches und vor allem metaphysisches Wesen angesprochen.

ÜBER DEN BLOGNAMEN "ROADMOVIE 46 "

Road Movie, das assoziiert lange Fahrten über den Highway, durch endlose Wüsten. Vor Jahrzehnten prägte Gilles Deleuze den Begriff des "Stadtnomaden". Aber Nomaden legen regelmäßig Pausen ein, machen Rast, finden Oasen, schlagen Zelte auf. Im Zeitalter der Beschleunigung ist jedoch nur noch kurzer Stopp an der Wüsten-Tankstelle drin: Der Moment des Notierens, der Niederschrift.

Der erste Film, der das erfasste, war Edgar G. Ulmers Roadmovie "Detour", der Ende 1945-46 in den US-Kinos lief. Mehr noch: Der getriebene Antiheld wird darin zum Spielball einer anonymen Schicksalsmacht, die "ohne ersichtlichen Grund" handelt.

I. THEORIE UND HISTORIE

Film und Zeit

Die Raumrevolution des 20. Jahrhunderts darf als abgeschlossen gelten. "Revolution" meint hier vor allem Negierung. Der Raum ist erobert, verliert an Bedeutung - er steht uns zur Verfügung. Auto, Bahn und Flugzeuge haben jeden Punkt der Erde erreichbar gemacht. Mobiltelefon und Internet realisierten eine telephatische Utopie: Kontakt ohne physische Präsenz. Die Trennkraft des Raumes ist gebannt. Sogar über die Erde hinaus. Satelliten erlauben Beobachtung und Analyse ferner Planeten, Hochleistungsteleskope geben tiefen Einblick in fernste Galaxien.

So weit die Besitznahme des Raumes auch fortschreitet, so wenig gelingt die Beherrschung der Zeit. Die Zeit zu überschreiten, in Richtung Zukunft oder Vergangenheit, das ist nach wie vor Science-fiction. Jüngst trauten Physiker der Vanderbulit University, Chiu Man Ho und Thomas J. Weiler, dem Genfer Teilchenbeschleuniger LHC das Potential einer Zeitmaschine zu (1). Mit ihm, so spekulierten sie, ließen sich womöglich Botschaften in Vergangenheit und Zukunft senden. Ließe sich ein Higgs-Partikel erzeugen, der durch die Zeiten springe, weil seine Existenz nicht drei, sondern 10 bis 11 Dimensionen voraussetze, könne es zu einem früheren oder späteren Zeit-Punkt "reisen". Freilich wäre die Zeitreise bei der Kollisionskapazität des LHC arg begrenzt: Es handelt sich nur um eine Pikosekunde (0,000 000 000 001 Sekunden). Kurzum: selbst wenn es gelänge, wäre solches Zeitreisen vorerst nicht existentiell. Wir bleiben also Geiseln der Zeit, einer Einbahnstraße. An deren Ende lauert unser Tod. Nicht eine Pause, keinerlei Unterbrechung ist uns gewährt. Alles Seiende ist zeitlich, so bald es ist. Greift man zu einer Bildanalogie, drängt sich der freie Fall auf: Er endet erst mit dem Aufprall, der Vernichtung des Fallenden. Unsere Gegenwart – unfähig, noch an ein Leben nach dem Sturz zu glauben – projiziert alle Erfüllung ins Diesseits. Weil dieses Unterfangen jedoch vergeblich bleibt, hat sie die Idee der Zeitmaschine hervorgebracht.

Der Schriftsteller Herbert George Wells widmete ihr einen Roman, der die gesamte Science fiction-Literatur des 20. und 21. Jahrhunderts befeuern sollte. Umsetzbar ist sie bis heute allerdings nicht. Selbst deren potentielle Realisierbarkeit bleibt fraglich. Die Zeit scheint sich ihrer Eroberung weit konsequenter zu wiedersetzen als der Raum.

Dennoch, im gleichen Jahr 1895, in dem H.G. Wells "The Time Machine" (Die Zeitmaschine) schrieb, also eine technische Grundlage für Zeitreisen fantasierte, gelang die Erfindung einer Aparatur zur Konservierung vergangener Zeit – die Erfindung des Films. 1895 feierten die Gebrüder Lumiere in Paris dessen Geburtsstunde! Es besteht Grund zur Annahme, dass beides – die Fantasie der Zeitmaschine und die Erfindung des Films – aus dem gleichen Zeit-Geist, dem gleichen Wunsch entsprungen ist: Dem technischen Ersatz des Unsterblichkeitsglaubens im Zeitalter von Naturwissenschaft.

Aber in wieweit erfüllt das Medium Film den Anspruch an eine Zeitmaschine? Die von ihr gezeigten Personen existieren ja oft nicht mehr. Die subjektive Seite der Existenz, auch Selbst oder Seele genannt, ist im Film nicht "festgehalten" , so wie manche Kulturen dies beim Foto glaubten. Aber – die Impression eines Lebewesens, einer Situation ist durch ihn täuschend echt reproduzierbar. Vor allem mit Beginn des Tonfilms und jeder folgenden technischen Erweiterung. Keine vorherige Form des "Festhaltens", der Fixierung - nicht Malerei, nicht Plastik, auch nicht Fotografie sind zu solchem "Täuschungseffekt" fähig.

Ein Filmarchiv ließe sich also mit dem Jenseits vergleichen, dessen Bewohner der Lichtstrahl des Projektors ins Leben zurückruft, ihnen eine feinstoffliche post-mortem-Existenz auf der Leinwand ermöglicht. Vergessen wir nicht, das die Mystik des spätantiken Dionysius Areopagita das Wirken Gottes mit einem lebensspendenden Lichtstrahl verglich. Und so ist es der Lichtstrahl des Projektors, der die Toten auferstehen läßt. "Weißt du eigentlich, was der tiefere Sinn eines jeden Films ist?", fragt der melancholische Regisseur seine Hauptdarstellerin in Zulawskis "La femme publique" (1984). Die Antwort gibt er selbst: "Er soll die Erinnerung an unsere Toten bewahren. Es ist das einzige Mittel, das wir erfunden haben, damit unsere Toten weiterleben. Marilyn ist tot, Gabin, Jaubert, Vivien Leigh, Raimu und – ich."

Nochmal: Wenn ein Historiker in tausend Jahren auf unsere Epoche zurückblickt, wird er es dann als Zufall ansehen, dass im 19. Jahrhundert – als Technik und Wissenschaft sich breitenwirksam gegen religiöse bzw. metaphysische Weltauslegung durchsetzten –, dass in genau diesem Jahrhundert die Fotografie erfunden wurde? Ein Medium, das eine Verewigung von nicht gekannter Exaktheit ermöglichte, während man gleichzeitig das "Ewige" auf metaphysischem Sektor demontierte. Mehr noch: Die Fotografie entwickelte sich innerhalb einer Generation vom starren zum bewegten Abbild, brachte den Film hervor. Als Kraftakt einer prometheischen Theologie: Jetzt war der Tote in seiner Anatomie, seinen Bewegungen, seiner Stimme verewigt. Die Gezeigten mögen tot sein, aber ihre auf Zelluloid verklärten Leiber lagern in irgendwelchen Archiven, können jederzeit wiederbelebt werden. Ein Filmarchiv, das ist das moderne Jenseits. Ein riesiger Friedhof mit gigantischer Wiederauferstehungsmaschinerie, im Vorführraum. Man kann das Filmarchiv auch als das kollektive Unbewußte einer Gesellschaft oder gar der Menschheit deuten. Es enthält Bilder, die fortwirken, sich jederzeit aktualisieren lassen. Imaginiert man die Realität als Prozess, wo einmalige Einzelwesen, "actual entities" (Alfred N. Whitehead), sich aus Informationen und Material der Vorgängerschaft zusammensetzen und sich an Künftige weitergeben, somit eine indirekte Unsterblichkeit erlangen, so kann eine Person mittels Film auch unmittelbar auf spätere Generationen wirken. Die einmal gedrehte Szene läßt sich ewig zur Wiederkehr bringen, kann ständig neue Wirkung erzielen: Humphrey Bogart in "Casablanca" (1943) oder Maureen O'Sullivan in "Tarzan and his Mate" (1934) werden durch Neueinspeisung in den Lebens-Prozess zur generationsübergreifenden Erfahrung. Insofern ermöglicht der Film eine völlig neue Zeit- und Welterfahrung, bedient via Hintertreppe die Sehnsucht nach Unsterblichkeit.

Dabei stellt sich jedoch heraus: Alte Filme werden selten gesehen, meist nur vom Fachpublikum. Der Mehrheit gelten sie als totes Kulturerbe. Wer ins Kino geht, TV schaut, DVDs ausleiht oder downloaded, wünscht gewöhnlich zeitgenössiche Filme, aus der eigenen Generation. Tatsächlich kreiert jede Epoche, inzwischen fast jedes Jahrzehnt, sich eigene Idealtypen, gestylte Stellvertreter, neue Stars, deren weibliche Vertreter man traditionell “Diven” (von lat. divus: göttlich) nennt. Göttinnen also, ohne deren Unsterblichkeit zu wollen. So ist die moderne Diva paradoxerweise eine “Göttin auf Zeit”. Obwohl gerade das Medium Film sie davor bewahren könnte...

“Auch Fotografien sind sterblich” erkannte Frantisek Listopad. Gleiches gilt für den Film. Weil der Mensch, trotz aller Angst, keine Unsterblichkeit erträgt.

(1) vergl. Ralf Nestler: Vorwärts in die Vergangenheit, 07.04.2011, in: www.tagesspiegel.de/weltspiegel/physik-vorwaerts-in-dievergangenheit/4036718.html

Filmisches Zeitreisen

1) Alphaville

“Die Gegenwart ist absolut. Keiner kann aus ihr entkommen, nicht in die Zukunft, nicht in die Vergangenheit“ heißt es in Godards “Alphaville” (1965), ausgesprochen von einem diktatorischen Computer.

Der Science-fiction-Film “Alphaville” wurde im Paris der sechziger Jahre gedreht. Wenn Agent Lemmy Caution behauptet, er sei aus einer anderen Galaxie nach Alphaville gekommen, ist augenblicklich klar: Auch wenn die Menschheit noch nicht durch Galaxien reisen kann – deren unendliche Weite existiert dennoch. Durch Lemmys Ankunft ist eine kosmische Perspektive angeführt, er symbolisiert sie. Durch seine Präsenz schrumpft Paris, relativiert sich die Welt zu einem Punkt im Universum. Lemmy Caution verkörpert kosmische Verlorenheit im kalten Schwarzweiß der Nacht.

Off-Kommentar in “Alphaville": Menschen, deren Leben überwiegend aus Leiden besteht, benötigen einen anderen Glauben als jene, deren Leben meist glatt verläuft. – Gleiches gilt bei der Auswahl von Filmen.

2) The Barretts of Wimpole Street

Filme sind nicht nur Zeitreisen für das Publikum, das klassische Hollywoodsystem erlaubte sie auch seinen Darstellern: Maureen O'Sullivan, Akteurin im Kostümfilm "The Barretts of Wimpole Street" (1934), erinnerte sich: "It was very interesting to work on films at Metro (Goldwyn Mayer, Anm.) during that era, because everything was authentic. The books on the set were of that period, the silver was correct, the clothes were handmade. You learned a lot about history just from walking around the set. In ‚The Barretts of Wimpole Street', Irving Thalberg (Produzent, Anm.) had his own methods, and we rehearsed it like a play. We had two weeks rehearsel, which was lovely. But in between takes we had time to enjoy the set, and the clothes and the atmosphere it was really like being there (in early 19th century London). It was like you were living that particular moment in time. It was wonderful." (1) Solches Zeitreisen erfordert abgeschirmte Räume, verlangt nach einem Stanislawski-Kloster. Im Gegensatz zur "Rückzugstendenz" solcher Zeitreisen fordert die Gesellschaft aber unbedingte Zeitgenossenschaft. Je diktatorischer sie ist, umso dringlicher. Demzufolge ist wirkliche Kunst auch metaphysische Revolte, auch Aufstand gegen das Gefängnis der Zeit.

3) Von Anaximander bis Stephen King

Als einer der ältesten Sätze abendländischer Philosophie gilt der Spruch Anaximanders (geb. ca. 610 v. Chr.): "Woraus aber die Dinge ihre Entstehung haben, darein findet auch ihr Untergang statt, gemäß der Schuldigkeit. Denn sie leisteten einander Sühne und Buße für ihre Ungerechtigkeit, gemäß der Verordnung der Zeit." (2) Alles Seiende, dem Unendlichen entsprungen, wird schuldig, sobald es da ist. Denn existieren heißt kämpfen, anderes verdrängen bzw. zerstören.

Zur Strafe für sein (notwendig schuldiges) Dasein wird das Seiende von der Zeit wieder zerstört. Somit steckt jedes Seiende in einer ausweglosen Schuldmaschinerie.

Stephen Kings aktueller Roman "11/22/63" (2011) versucht die Aufhebung eines Zeit-Urteils: Das Todesurteil über Präsident John F. Kennedy... Protagonist Jake Epping unternimmt eine Zeitreise zurück in die frühen Sechziger, will das tödliche Attentat verhindern, den Geschichtsverlauf korrigieren. Es gelingt ihm, JFK überlebt. Jedoch provoziert er damit andere Todesfälle, die im ursprünglichen Geschichtsverlauf nicht vorkamen. So müßte Epping seine Zeitreise wiederholen, die Korrektur korrigieren, später noch die Korrektur der Korrektur, usw. Er würde in der Zwangsneurose enden. – Das ist die dunkle Seite einer Zeitrevolte.

(1) zit. n. David Fury: Maureen O'Sullivan "No average Jane", Minneapolis 2006, S. 130

(2) zit. n. Wilhelm Capelle: Die Vorsokratiker, Berlin 1958, S. 82

Prähistorischer Film: – Die Geburt des Kinos aus dem Geiste der Fruchtbarkeitsgöttin

Darstellende Kunst entsprang dem Wunsch, Unsagbares ins Sinnliche zu transportieren: Wie das europäische Theater vor 2500 Jahren aus griechischen Dionysien heraus entstand, ermöglichte frühes Kino die Visualisierung religiöser Vorstellungen. Das Kino (Vortäuschung von Bewegung durch "Trägheit" des Sehens) ist jedoch weit älter als das europäische Theater, reicht mindestens bis in die Bronzezeit, also 5000 Jahre zurück. Darauf weist eine frühe, 10 cm hohe persische Tonschüssel (3000 v. u. Z.) aus der Stadt Schahr-e Sochte. Bemalt mit fünf Einzelbildern einer springenden Bezoarziege. Dreht man die Schale in entsprechender Schnelligkeit, erlebt das Auge den Daumenkino-Effekt. (1)

Jedoch ist dieser frühe Animationsfilm keine Antizipation von Disneys Tierfilmen. Vielmehr vermutet der Archäologe Mansur Sadschadi, dass er dem Symbolkreis der Fruchtbarkeitsgöttin Murkum entstammt. Die wurde vor allem von Frauen des

Haramosh Tals angerufen. (2) Sie schützte Mütter und Kinder, war die Herrin der Steinböcke und Gemsen. Jäger verehrten sie, indem sie ihr Hörner als Opfer brachten. Murkums Wohnstätte ist ein Berg, an einem Hang bei Haramosh ragt ihr Altar, aus Steinen, groß wie ein Haus. Um ihn herum trafen sich Frauen zwischen (heiligen) Nußbäumen auf Steinbänken. Man bat die Göttin, als Opfer einen Steinbock zu senden. Der (männliche) Priester führte zeremonielle Tänze auf, während er das Opfer darbrachte. Diese Riten sind inzwischen abgeschafft, aber noch immer gehen Frauen zu Murkums Altar, bitten für ihre Familie, bringen ihr Wacholderblätter als Gabe mit.

Auffallend ist, dass sowohl Theater wie Kino aus Fruchtbarkeitskulten entstanden, ob für Murkum oder für Dionysos, dass in diesem Kult der Tanz rituelle Bedeutung besaß, dass der Bock (Dionysos-Kult) oder die Ziege (Murkum-Kult) darin als Symbol des Animalischen galt. Aus dem Rausch der Fruchtbarkeit, im Eros der Überschreitung, in metaphorischer Verbindung von Vegetativem mit Vegetation, mit jenem Tier, das felsige „Ab-Gründe" mit Leichtigkeit überspringt: aus alle dem ent-sprangen Theater und Film. Mögen diese „Totemtiere" bei Theater- & Filmemachern nie in Vergessenheit geraten.

Arbeitet dieses frühe Schalen-Kino mit der Trägheit des Auges, produzierten zur gleichen Zeit (vor 3000 – 6000 Jahren) die Höhlenkünstler von Valcamonica ein Kopfkino: Die Einzelbilder sind a la Eadweard Muybridgee auf Höhlenwand *nebeneinander* gemalt. Der Betrachter kann durch sie Bewegung *imaginieren.*

(1) vergl. Dazu Kino der Bronzezeit, 22.03. 2008 in: www.spiegel.de/spiegel/print/d-56299145.html

(2) dazu Karl Jermar: Völkerkundliche Forschung im Haramoshgebiet (Gilgit-Agency) in: Zeitschrift für Ethnologie 83/2 1958, S. 252-256

Platos Höhlenkino

Plato, der erste Philosoph des Kinos. Sein Höhlengleichnis in "Politeia" sagt das Entscheidende: Die Menschen sitzen vor einer Höhlenwand. Die ist Projektionsfläche der eigenen Schatten, hervorgerufen durch Sonnenlicht, das durch den Eingang strahlt. Der Widerstand der Körper gegen das eindringende Licht lässt auf der Felswand ein Schattenspiel, ein Kino entstehen. Freilich zeigt das nur die "Silhouette", den "Schattenriss" der Person, so reduziert wie die Kenntnis unserer selbst. Aber es ist jene schattenhafte Verfremdung, die Erkenntnis überhaupt erst ermöglicht. Eine direkte Schau ins Licht, in die Projektorenlinse bringt keinerlei Schau und Verstehen hervor. Der Mensch erfasst nur, wenn das Licht gebrochen ist. Er sieht auf der Höhlen-(Lein-)Wand sich selbst, seinen Schatten, wie in den Charakteren heutiger Filme. Was aber ist die Haupterkenntnis des Mediums Film? Die Zeitlichkeit, das Vergehen. Deshalb erscheint die empirische Welt dem Philosophen so irreal wie eine Filmprojektion.

Lichtmeditation

Filmgeschichte schreiben heißt Kino denken. Das aber bestand schon vor der Erfindung des Zelluloid-Films. (1). Godard sagt, Dostojewski habe bereits Kino gemacht, weil er filmisch imaginierte. Geschichte des Films ist also Geschichte real oder imaginär bewegter Bilder, von Licht-Projektionen, Schnitten & Perspektiven. Ergo ist Filmtheorie älter als 117 Jahre. Sie findet sich bereits in Platos Höhlengleichnis (2), auch bei Pseudo-Dionysius Areopagita. Beide bieten eine frühe Metaphysik des Filmischen. Oder besser: Beide zeigen, wie sehr die Erfindung des Films im metaphysischen Denken des Abendlandes wurzelt. Dass er nicht einfach zufällige Erfindung des 19. Jahrhunderts ist. Licht selbst ist relativ unsichtbar. Nur seine Einschränkung, seine Bündelung zum Strahl macht es erkennbar. Der frühmittelalterliche Mystiker Pseudo-Dionysius Areopagita begriff Gott metaphorisch als Lichtstrahl, der – als das Gute – alles Seiende illuminiere. D.h, ein Lichtstrahl aus der Sphäre des Ewigen dringt ins Zeitliche vor.

Darin klingt die Metapher des platonischen Höhlengleichnisses nach, aber es antizipiert auch den Projektorstrahl, der durch Überzeitliches, durch festgehaltene ("verewigter") Vergangenheit die Psyche des Publikums illuminiert, sie – im Falle eines gelungenen Films – mit ekstatischer Freude erfüllt, die Zeitlichkeit vergessen läßt. Nun ist das Kino, der Projektionsapparat ein aussterbendes Medium. Filme werden zunehmend auf Bildschirmen (TV & Computer) betrachtet. Der aber leuchtet von innen, das Bild entsteht nicht durch Projektion eines "äußeren" Lichtstrahls. Darin spiegelt sich das postmetaphysische Denken der Gegenwart, der Bruch mit traditioneller Metaphysik: Übersetzte Hans Georg Gadamer in "Wahrheit und Methode" (1960) noch die Lichtmetaphorik des Pseudo-Dionysius Areopagita mit dem "Einleuchten" beim Akt des Verstehens, so ist es nach materialistischer Auffassung der Mensch selbst, sein Gehirn, aus dem alles Geistige entsteht, nicht mehr durch (dualen) Einfluss von Außen. Damit ist auch der Individualismus in seiner radikalsten Form bestätigt. Der Bildschirm leuchtet nicht nur wie das Hirn aus sich selbst heraus, er wendet sich auch bloß an Einzelne. Die kollektive Illumination durch den Lichstrahl (sei er als Gottes-Metapher oder als technisches Erzeugnis des Projektors gemeint) fällt in die Vergangenheit.

Filmische Säkularisierung

Die aktuelle Tagung der Deutschen Kinemathek ("Avantgarde im Archiv") diskutierte Probleme postanaloger Datenträger. Dass Digitalisierung auch ästhetische Metamorphose bedeutet, hat bislang (fast) niemanden gestört. Nur für Avantgardefilme, wo Format und Material bedeutsamer sind als beim Kommerzfilm, stellt sich die Frage: Läßt sich jeder Film digital archivieren - ohne maßgebliche Verfremdung? Der Filmemacher Heinz Emigholz forderte in dem Zusammenhang, "dass die Verlusterfahrung des Menschen auch vor den Filmen nicht haltmachen dürfe." (1) - Das bedeutet eine klare "Säkularisierung" des Medium Films. Als Bewahrer vergangener Bilder soll es sich eigener Vergänglichkeit bewußt werden.

Dazu bedurfte es allerdings keines Digital-Transfers. Diese Verlusterfahrung macht jeder Cineast, wenn er von Filmen erfährt, deren Kopien nicht überlebt haben. Aus der Stummfilmzeit sind das immerhin 80 Prozent!

Der katholische Theologe Peter de Rosa glaubt, dass der Atheismus den meisten Menschen zuviel aufbürde. Nicht nur wegen der Vernichtung der Sinnfrage, sondern auch, weil der Atheist "sogar die Toten tötet". Weil er jene Instanz leugnet, die den Verstorbenen (auf-)bewahrt. Diesem Geist entstammt auch die Forderung nach „neuem Mut" zur Verlusterfahrung.

(1) Andreas Busche: Analoger Wissensschatz. taz, 18.06.2012 in:

http://www.taz.de/1/archiv/digitaz/artikel/ressort=ku&dig=2012%2F06%2F18%2Fa0158&cHash=b4a0554c04

Planetenkollision als Erkenntnisform

In "Antichrist" (2009) ist die psychische Erkrankung mit Dämonismus und Hexenwahn assoziiert. Es ist Frustrationsfilm eines Regisseurs, der an einer erfolglosen Therapie verzeifelte. Anders der Nachfolger "Melancholia" (2011). Diesmal ist die Depression (mit fließendem Übergang zur "Melancholie") ein Mittel der Erkenntnis. Was sie erkennen läßt? Durch die depressive Justine erkennt der Betrachter die "Nichtigkeit" dieser Welt. In zweifacher Hinsicht. Einmal die Nichtigkeit einer Gesellschaft, die Funktion und Wohlbefinden im Trivialen sucht: Die Hochzeitsgäste treiben die Braut durch schwachsinnig-rituelle Erwartungen bis zur Erschöpfung. Vertreter einer Kultur, die vor dem Ende ihre Augen verschließt. Nach dem Skandal, dem Abbruch der Hochzeit, bleiben vier Menschen zurück: die Braut, ihre Schwester, deren Mann und der gemeinsame Sohn. Kein Ablenken mehr möglich. Der nahende Planet "Melancholia" dringt ins Bewußtsein. Die Schwester wird zunehmend von Angst okkupiert. Ihr Mann wischt die Gefahr mit rationaler Berechnung beiseite, spielt den Psycho-Kraftprotz. Sein Sohn Leo versucht, ihm zu glauben. Nur die Braut, sie blüht auf. Endlich!

Die Depression weicht, die Kraft kehrt zurück. Jetzt ist die Welt ihr Spiegel. In der "hellen Nacht des Nichts" (Heidegger) zeigt sich das Seiende in neuem Licht. Im nächtlichen Schein des nahenden Planeten nimmt sie ihr Sonnenbad. Ein Bild, das motivisch, atmosphärisch und kompositorisch an den belgischen Maler Paul Delvaux (1897-1994) erinnert. Besonders an "Le nu et le mannequin"(1947). Delvaux Frauen: auch sie schlafwandeln am Ende der Welt. In den leeren Nächten von Flandern, das tagsüber trüb, nachts die Qualität eines Alptraums besitzt. In den kleinen Städtchen, mit leeren Straßen und bröckligen Bauten. In solcher Leere aber haben Delvaux Frauen keine Angst. Nackt und ungeschützt, frei von Furcht wandeln sie durch das Nichts. Der Planet Melancholia macht durch Kollision die Erde zu dem, was sie für die Braut schon immer war: Zur Nichtigkeit. Melancholia und die Erde: Zwei träge Gesteinsmassen vereinigen sich im kosmischen Grab. Dazu tönt die Liebes-Ouvertüre aus "Tristan und Isolde". Und Paul Delvaux wollte übrigens immer in den Armen seiner Frau sterben.

Wesentlich früher, 1931, ließ Abel Gance in "La fin du monde" einen feurigen Kometen auf die Erde rasen. Der Aufschlag, soviel weiß man, bedeutet das Ende. Eine Menschheit erwartet ihren Tod. Gances Massenspektakel wirkt einerseits wie ein Vorläufer Roland Emmerichs ("2012"), aber: den Wegfall aller Sicherheit visualisiertt Gance auch durch die Entfesselung der Kamera. Sie ist in ständiger Bewegung: kreiselnd, in atemloser Fahrt mit Endstation Reiss-Schwenk, in Flügen aus Vogelperspektive zeigt sie die Masse der Verdammten. Die Naturvölker in Angst, westliche Metropolenbewohner wälzen sich in Orgien, in hysterischem Vergnügen. Auch die Tonspur verläßt jede Ordnung, transportiert ein Chaos an Tönen, Stimmen und Musiken. Hochdramatisch der Moment, wenn eine düstere Mönchsprozession den Orgiensaal betritt, die Vergnügungsschreie verstummen, die Tanzmusik von traurigem Choral übertönt wird. Welche Emotion ist stärker? Welche angemessener in Anbetracht baldigen Todes?

Aber Gance ist kein Apokalyptiker. Zuletzt verfehlt der Komet die Erde um Haaresbreite. Das Leben geht also weiter. Diesmal besser? Schocktherapeutisch geläutert?...Vielleicht für kurze Zeit.

Auch in Abel Gances Remake seines eigenen Klassikers "J'accuse" (1938) hat die Finalszene einen Touch von Weltuntergang. Im 1918er Original ziehen tote Soldaten, auferstanden aus den Gräbern, anklagend von Haus zu Haus - eine Antizipation von Rache-Zombies. Im Remake aber erscheint die Erweckung wie der Beginn der Apokalypse: Ein furchtbarer Sturm bricht an, ein verwitterter Stein-Christus öffnet die Augen, Menschenmassen geraten in Panik, überblendet von zerfetzten Soldatengesichtern. Eine letzte Warnung. Ein Jahr später ging das alte Europa im Feuer des Krieges unter.

Ein schlechter Film?

"Das wesentliche Merkmal der modernen Zeit besteht darin, daß wir nicht mehr an diese Welt glauben. Wir glauben sogar nicht mehr an die Ereignisse, die uns widerfahren: an Liebe und Tod, als ob sie uns nur die Hälfte angingen. Nicht wir machen das Kino, es ist die Welt, die uns als ein schlechter Film vorkommt." (Gilles Deleuze)

Schock ist Orgasmus

Wilhelm Reich erkannte, dass der Orgasmus für die Fortpflanzung überflüssig ist. Die Heftigkeit des Triebes und der Genuss der Entspannung genügen als Reproduktionsstimulanz. Wozu gibt es ihn also? Antwort: Er ist Entladung jener Lebensenergie, die Reich später "Orgon" nennen sollte. Dabei erkannte der Analytiker, dass Orgasmusblockaden und Neurose in fataler Wechselwirkung zueinander stehen: Durch Energiestau wird neurotisches Potential gesammelt. Ist dessen Entladung unmöglich, wirkt er als psychische Erkrankung fort.

Die gespeicherte Energie gibt Kindheitstraumata die nötige Power, um als Neurose zu wirken. Psychotherapie heißt deshalb: Den Patienten wieder orgasmusfähig zu machen. Reich wußte selbst, dass dies oft nur temporär gelingt. – Was also tun? Man muß nach alternierenden Möglichkeiten der Entladung suchen.

Hier könnte der Horrorfilm hilfreich einspringen. Jener, der nicht auf Thrill, auf subtile Angsterzeugung, auf quälende Spannung setzt, sondern auf den Schock! Dessen Spannung baut sich innerhalb weniger Minuten oder Sekunden auf, findet seinen Höhepunkt im Erschrecken. Bei dem zieht sich innnerhalb eines Moments alles zusammen, um dann langsam zu entspannen: Der aufgeschreckte Zuschauer sinkt wieder in den Sessel zurück. Die Analogie ist eindeutig. Das Vergnügen, sich erschrecken zu lassen – das ist die Sehnsucht nach Orgasmus. Deshalb die belebende Wirkung von Horrorfilmen auf Depressive. Deshalb der Kult um die Scream-Queen, die mit dem Publikum Schock-Orgasmen erlebt. Wie Erotik- oder Pornofilme den sexuellen „Höhepunkt" intendieren, so zielen Horrorfilme auf Schock-Entladung. Im Kino führen sie zu düsteren Kollektivorgasmen, verwandeln die Zuschauer in eine Orgien-Gemeinschaft.

Nochmal: nicht der langsam aufgebaute Grusel, sondern der derbe, abrupte Schock (wie beim frühen John Carpenter) ist hier gemeint. Schock ist nicht identisch mit der dauerhaften Angst hitchcockscher Suspense, im Gegenteil. Durch seine Entladung bietet er einen Ausweg aus der Furcht, verhindert deren Speicherung. Die traditionelle Filmkritik bevorzugt die Suspense, hält sie für "kunstvoller", stellt Schock- und Porno-Ästhetik auf eine Stufe (beide setzen auf Orgasmus...). Nichts ist unsinniger. Man sollte Suspense und Schock-Ästhetik nicht gegeneinander ausspielen. Sie haben gänzlich verschiedene Funktionen im psychischen System.

Einige Vertreter der Schock-Kultur: Erle C. Kenton, John Carpenter, Anthony Waller, George A. Romero, Renny Harlin, usw.

Cineastische Todesmystik

Franççois Truffaut hat in seinem Spätwerk "La chambre verte" (1978) den Cineasten zum Todesmystiker erklärt: Der Journalist Julien Davenne verliert im ersten Weltkrieg zahlreiche Freunde, seine Frau Julie stirbt an einer grippalen Infektion. Er durchleidet alle Qualen der Vergänglichkeit, versinkt in Erinnerungen. Als Gegengift stellt er Fotografien der Verstorbenen auf, sammelt deren Alltagsgegenstände als Reliquien. Bald kauft er eine verfallene Friedhofskapelle, renoviert sie, verwandelt sie in einen Tempel: Die Fotos seiner Verstorbenen schmücken die Wände, illuminiert von Kerzen, für jeden Toten eine. Deren Flackern suggeriert Lebendigkeit. Licht und Bilder sind Kino-Metaphern! Das Kino als Friedhofsmausoleum der Verstorbenen. Die Fotos von Juliens Freunden und Verwandten enttarnen sich dem Kennerblick als Porträts von Kino- und Kulturschaffenden. Darunter auch Maurice Jaubert, gefallen 1940. Mit dessem postmortem-Komposition ist "La chambre verte" untermalt.

Julien findet in Cécilia Mandel eine Mitstreiterin. Auch sie verehrt ihre Toten, aber sie liebt auch Julien, will mit ihm *leben*. Nur sind Julien die Toten bereits näher als die Lebenden. "Damit Sie mich lieben, müsste ich erst tot sein", klagt Cécilia. Deutet man diesen Totenkult konsequent als Cineastentum, heißt das übersetzt: "Ich müsste erst gefilmt sein, auf der Leinwand zu sehen sein, ein Lichtbild geworden sein, damit Sie mich lieben."

Der gefilmte Körper ist immer ein verklärter Leib, transformiert, auferstanden, jenseits von Grab und Vergänglichkeit.

II. DIVENKULT

Sollte das Medium Film tatsächlich im Rahmen des Murkum-Kults entstanden sein, dann ist er wesentlich Divenkult (Diva kommt vom lat. divus: göttlich). Daran ändert auch die Inthronisierung des Regisseurs im Autorenkino nichts. Dessen radikalste Vertreter haben dem Divenkult stets gehuldigt, neue Diven-Images kreiert: Howard W. Hawks mit Ann Dvorak, Jean Luc Godard mit Ana Karina, Andrzej Zulawski mit Isabel Adjani, usw.

Je größer der Zuständigkeitsbereich einer Gottheit, desto mächtiger ist sie. Beim Menschen ist das umgekehrt: Je sensibler er ist, desto mehr erfasst, erfährt, begreift er. Das bringt die Diva, die menschliche Göttin, in einen gefährlichen Konflikt: je tiefer sie ihre Rollen auslotet, desto labiler ist sie. Je besser ihre Kunst, desto gefährdeter ihre Existenz.

Die Geschichte des Sylvia Bataille-Auges

Wer war Sylvia Bataille? Die schönste Frau, die er je gesehen habe – sagte Luis Buñuel. Da war er immerhin schon über 80 Jahre alt. Sylvia Bataille, Geburtsname: Maklès, wurde 1908 als Tochter einer jüdischen Familie geboren. Desinteressiert an der Schule, tummelte sich der Teenager früh im Surrealistenzirkel. Sylvia und zwei ihrer Schwestern – sie alle heiraten Künstler & Schriftsteller dieser Bewegung. Bei ihr war es George Bataille, mit dem sie als Sechzehnjährige zusammenkam. Warum er? – "Weil er nicht ganz so bescheuert war, die die Typen mit denen ich aus undtanzen ging."

Und warum er?

– "Weil ich nicht zu hässlich war." (1)

Die Verbindung hielt bis 1934.

Da stand Sylvia Bataille bereits vor der Kamera, 1936 in Jean Renoirs „Les crimes de

Monsieur Lange“, ein Jahr später als Star in “Une Partie de Campagne”. Aber die Dreharbeiten wurden wegen Dauerregen gestoppt. Was blieb, ist ein 38minütiges Fragment. Einer der wenigen Filme, wo der Begriff „magischer Realismus“ wirklich Sinn macht. Aber “Une Partie de Campagne” ist nicht nur Renoirs Meisterstück, sondern auch *ihr* Film, *ihr* Körper, *ihre* Bewegung, *ihre* Sprache, *ihr* Blick, *ihre* Augen. Es ist mehr als ignorant, dass Renoir sie in seinen Memoiren nicht erwähnt.

Findet man sie auch in der „Histoire de l'œil“ (die Geschichte des Auges) ihres Mannes George Bataille? Ist sie, wenigstens anteilig, in der Figur der Simone, der Marcelle enthalten? Oder in “Madame Edwarda”? – Kein Hinweis.

Frage an Sylvia Bataille: Haben Sie das Werk ihrer Ehemänner irgendwie beeinflußt? Ihre Antwort: Nein.

1939 lernte sie den Psychoanalytiker Jacques Lacan kennen. Sie heirateten. Sylvia besuchte seine Seminare, eins davon ist sogar ihr gewidmet. Und sie soll auch ihm keinerlei Impulse gegeben haben?

Ihre Antwort: Nein!

Dabei erklärte Elisabeth Roudinescou, Lacan und Bataille hätten die “gleiche Vision des Weiblichen” gehabt... Als Sylvia Lacan wurde sie Angelpunkt einer philosophischen Dreiecks-Beziehung: Martin Heidegger hielt ihren Ex-Mann George Bataille für den besten Denker Frankreichs (dessen Reflexionen ausgerechnet das thematisierten, was Heidegger selbst ausklammerte: Die Pornographie und den Faschismus). Lacan widerum verehrte Heidegger, war von ihm beeinflußt, lud ihn nach dem Krieg zu sich ins Sommerhaus.

Sylvia Lacan: “Er (Heidegger) war wundervoll. Seine Frau war schrecklich. Seine Frau war ein Nazi.”

Jamer Hunt (Interviewer): “Es wird behauptet, dass er auch...”

Sylvia Lacan: “Meiner Meinung nach nicht. Er nahm nur leider den Platz ein von...Wie hieß er noch, der Philosoph?...Verzeihen Sie meine Gedächtnislücke. Er übernahm den Platz dieses Mannes in der Fakultät. Ich kannte ihn als einen charmanten Mann. Seine Frau war schrecklich. Schrecklich! Ein Nazi. Das ist alles.” (2)

Seltsam: Sylvia Lacan kannte die Schriften Batailles, Lacans, wohl auch Heideggers, hatte Umgang mit Leuten wie André Breton, Michel Leiris, Picasso, usw. sprach jedoch nie über deren Werk, nur über die Personen. Umgekehrt wurde ihre Arbeit niemals Objekt von deren Analyse. Man schrieb über Maler, Dichter und Philosophen, aber nicht über Schauspieler/innen. Sprach man über Filme, dann meist über den Regisseur. Eine Tendenz, die der Autorenfilm Anfang der Sechziger noch verstärken sollte.

Woher diese Dialogverweigerung zwischen Denker und Darsteller? Gerade im Falle Sylvia Lacans?

Was hätte eine Interpretation ihres Spiels in “Une partie de Campagne” nicht alles ergeben! Die Maupassant-Adaption, bebildert von Eli Lotar und Claude Renoir (Kameramann des späteren Lesbenklassikers “Et mourir de plaisir...” und “Barbarella”) blickt zurück ins Jahr 1860: Ein Pariser Ladenbesitzer, seine Frau und das Personal unternehmen einen Landausflug. Darunter auch die junge Henriette (Sylvia Bataille). Die streckt sich, räkelt sich in der Kutsche, schaut sich neugierig um. Beim Picknick liegen alle auf den Decken, beschwippst vom Wein. Nur Henriette sitzt, Beeren kauend: Ihr Erlebnisrausch braucht keinen Alkohol. Später im Garten, auf der Schaukel, sitzt sie nicht wie die Frau des Ladenbesitzers. Wird auch nicht angeschubst. Sondern steht, schaukelt aus eigenem Antrieb. Sie schaut nach oben, lacht in den Himmel, ihr weißes Kleid weht. Nur die schaukelnde Lady des Rokoko-Malers Fragonard hatte solche Energie. Wenn Henriette dabei der Hut vom Kopf weht, ist das fast ein Striptease. Sie springt hinab und läuft schwerelos über die Wiese. Eine ganz eigene “Weltoffenheit” zeigt sie beim Betrachten einer Blume: Sie wundert sich, dass die Blume geboren wird und stirbt, dass sie glücklich und unglücklich sein könnte – "so wie wir". Ein Pantheismus, aber der reicht Henriette nicht: in ihre Augen leuchtet Sehnsucht nach der Sehnsucht, nach Melancholie, nach Liebe. Aber Liebe impliziert Schwerkraft!

Henriettes Arme, sonst in freier Bewegung geschwenkt, werden plötzlich hinter dem Rücken versteckt, als man sie den Gebrüdern Prévert vorstellt. (Ist deren Name womöglich eine Anspielung auf den Dichter Jacques Prévert, einem Freund Sylvias?) Einer der Brüder ist Techniker der Liebe, ein Tänzer, ein Satyr, der sein Opfer umspringt und dabei Flöte spielt. (Renoir wiederholt das Satyrmotiv in "Le Déjeuner sur l'herbe", 1959.) Aber wie Sylvia Bataille im Privatleben die Tänzer nicht mochte, zieht sie den ruhigen, intelligenteren, weniger gut gebauten Prévert-Bruder vor. Sie verliebt sich. Kein Lachen mehr, sie ist nachdenklich geworden. Beide gehen Arm in Arm spazieren. Kein Blick nach oben mehr. Erst als ein Vogel in der Baumkrone singt, schaut sie auf. Dann setzt sie sich zu Boden, zieht den Geliebten mit. Schwerkraft ruft. Nahaufnahme: Eine Träne in ihrem Auge. Viele Jahre später sehen sie sich wieder: Unglücklich verheiratet mit anderen Partnern. Wieviel Trauer liegt in der Vergangenheit. Wie verschwenderisch geht die Welt mit biologischer Existenz, mit Erfüllung um!

Heidegger, dessen Denken – wie "Une Partie des Campagne" – voll von Landschaften, Lichtungen und Holzwegen durchzogen ist: durch Sylvia Batailles Spiel hätte er eine andere „Eigentlichkeit" als die zum Tode, die der melancholischen Schwerkraft erleben können. Bataille dürfte hier weniger auf die „Tränen des Eros", aber auf ebenso grausame „Tränen des Amor" gestoßen sein. Zwei Beispiele des Verlustes, den die intellektuelle Dialogverweigerung zwischen Sylvia Bataille und den Philosophen nach sich zog.

(1) Jamer Hunt: Absence to Presence: The Life of Sylvia Bataille, Houston-Texas, 1995. S. 174

(2) Ebd. S. 188

Buried alive in Hollywood - Sidney Fox

Ein Leben in Finsternis unter der hellfrohen Sonne Kaliforniens: wie funktioniert das? Sidney Fox gab am 14. November 1942 die Antwort: Gar nicht. 34 Jahre zählte die Schauspielerin, als sie am in Beverly Hills, (Kalifornien) einer Überdosis Schlaftabletten erlag. War der Tod intendiert oder versehentliche Überdosis im Kampf gegen übermächtige Depressionen?

Ungeklärt.
Ein letzter Festfraß für jene Sensationspresse, um deretwillen Sidney Fox die Hollywood-Karriere geschmissen hatte, erst nach Frankreich, dann in die Provinztheater geflüchtet war. Zu sehr schnüffelten Paparazzi im Privatleben der Schauspielerin.

Zu wenig liebte man die *wirkliche* Person. Die Dummheit der Öffentlichkeit, ihre Meinungen und Interessen sind für Melancholiker lebensbedrohlich. Bei Sidney Fox kam noch eine gruselige Ehe hinzu.

Dabei gab sich die am 10. Dezember 1907 in New York geborene Sidney Leifer alle erdenkliche Mühe, ihr Leben zu strukturieren, versuchte schon als Teenager, das Familienbudget durchTheaterspiel auf ein erträgliches Niveau zu heben. Mit einer Körpergröße von 150 cm, brunettem Haar (1), feinen Gliedern und melancholischem Blick absolvierte sie bei "Universal" erfolgliche Parts in Melodramen, Komödien und Horrorfilmen. Gleich im Debut "The bad Sister" (1931) wird Sidney Fox von Humphrey Bogart verführt! Als verwöhnte Marianne nimmt sie ihrer Schwester Laura (Bette Davis) regelmäßig die Lover weg, bis sie selbst an einen Betrüger, eben Bogart, gerät. Mochte die Rolle auch Skrupellosigkeit vorschreiben, die Zartheit ihrer Erscheinung läßt Gegenteiliges spüren: Sie zeigt eine lebesfrohe, aber auch müde Träumerin, deren erotisches Charisma jedes Herz im Sturm erobert. Eine Szene zeigt den Unterschied der Schwestern überdeutlich: Das Hausmädchen hängt beider Unterwäsche an die Trockenleine. Lauras Unterhosen sind knielang, aus weißem Leinen, die von Marianne hingegen kurz und am Rande gerüscht.

Kameramann Karl Freund zitiert aus seinem – im gleichen Jahr gefilmten – "Dracula" (1931): Wenn der junge Arzt die bewußtlose Marianne über die geschwungene Haustreppe hebt, erinnert das an jene Finalszene, als Dracula (Bela Lugosi) die ohnmächtige Mina (Helen Chandler) über die gewendelte Schloßtreppe trägt. Vampirisch geht's in "The bad Sister" allemal zu: Marianne wird von dem vampirischen Lover Humphrey Bogart finanziell ausgesaugt. (2)

In "Call it Murder" (1934) spielt Sidney Fox wieder die Tochter aus reichem Hause. Erneut wird sie von Humphrey Bogart verführt und betrogen. Im Affekt erschießt sie ihn. Ihr Vater, ein herzloser Spießer, will sie der Polizei ausliefern.

Aber ein mitfühlender Kommissar verwischt alle Spuren der Tat. Hier zeigte Sidney Fox sich als Seismograph einer Verzweiflung, die jede Entscheidungsfreiheit eliminiert. Von einer Hypersensibilität, die man mit seelischer Erkrankung bezahlen muss.

Höhepunkt ihrer Karriere ist gewiß "Murder in the Rue Morgue" (1932) des Avantgarde-Regisseurs Robert Florey. Zwar entstammen Titel und Motive einer Kurzgeschichte Edgar Allan Poes, denoch ist der Film primär ein Remake von "Das Cabinett des Dr. Caligari" (1919) – und kann neben dem Original bestehen! Sidney Fox erhält als Camille, deren Seele wieder in ungeschützter Osmose mit der Außenwelt steht, expressive Unterstützung durch geschrägte, gewinkelte Caligari-Bauten und zackige Schatten (Kamera: wieder Karl Freund). Ihre Authentizität reizt den sadistischen Schausteller (Bela Lugosi), er läßt sie von einem Gorilla entführen. Der Showdown passiert auf den Dächern von Paris: Camille in den Pranken des Tieres, wie Jane in den Armen Caesares ("Caligari") oder Ann Darrow in den Händen King Kongs. Und wie in "The bad Sister" gibt es eine Szene, in der Sidney Fox bewußtlos im Schlafzimmer liegt. So, wie man sie 1942 entschlafen im eigenen Bett fand: Das Leben war ihr ein Monster, vor dem sie die Besinnung verlor.

1934 flüchtete sie nach Paris, drehte dort mit Georg Wilhelm Pabst eine "Don Quixotte"-Version. Die amerikanische Schauspielerin kracht sich darin heftig mit ihrem Ehemann Sancho Panza.

Sidney Fox analysierte ihr Problem als unverstandene Außenseiterin in einem frühen Interview: "My greatest cross is that my face and body don't match my mind and soul. People expect me to be an ingenue, a baby doll, and they're terribly disappointed when they find I'm not. At parties, I've seen men ask to be introduced to me, and I knew they thought I was attractive, but after talking to me a few minutes they'd turn away in dismay. Men, in Hollywood especially, don't like intelligent women." (Sidney Fox, Motion Picture magazine, August 1931)

Oder allgemein: Weder Männer noch Frauen, weder in Hollywood noch sonstwo, mögen Hochsensible, Melancholiker, Depressive.

(1) Im deutschen Wikipedia-Eintrag wird Sidney Fox gleich zweimal als „Blondine" bezeichnet. Eine Behauptung, der sowohl Filmaufnahmen wie PR-Fotos widersprechen. Kein Einzelfall: Auch die dunkelhaarige Heldin des Vampirromans "Varney the Vampyre or The Feast of Blood" (1847), Flora Bannerworth, wird in deutscher Übersetzung (1976) zur Blondine.

(2) Das Bogart ein vorzüglicher Vampirdarsteller ist, bewies er übrigens in "The Return of Dr. X", 1939)

Der Gang in den Nebel – Nachruf auf Lina Romay

Wenn Martin Heidegger das Offenhalten des Ab-Grundes forderte, die Erfahrung schwindelnder Angst nicht künstlich zu beruhigen, dann taugt der Krebs als Symbol dieser Philosophie. Kein ernstzunehmender Philosoph hat Brauchbares über ihn gesagt. Nur „tödliches" Schweigen. Selbst Jacques Derrida, der abendländische Denktraditionen auseinandernahm, konnte (wollte?) den Krebs nicht dekonstruieren. Auch nicht, als er selbst darunter litt. Siddhartha Mukherjee bezeichnete den Krebs als den "König aller

Krankheiten”, erzählt dessen erstes (dokumentiertes) Auftreten bei einer persischen Königin (500 v. u. Z.) bis zur Gegenwart. Eine Geschichte des Grauens, die Biographie eines Monsters. Jetzt zerstörte er auch den Körper der Schauspielerin Lina Romay. Als Rosa Maria Almirall Martínez am 25. Juni 1954 in Barcelona geboren, starb sie am 15. Februar 2012 in Málaga. Nicht einmal 60 Jahre alt. Die neben Laura Gemser und Me-Me-Lai berühmteste Exploitation-Queen agierte in unzähligen Filmen ihres Lebensgefährten Jess Franco. Die Vitalität ihrer Untoten – so suggeriert der Film „Female Vampires“ – war nicht einmal durch Isolation zu brechen: In einer fünf (!) minütigen Masturbationsszene überwandt sie die Trostlosigkeit des “einsamen Körpers”. Bei einem verjüngenden Blutbad à la Elizabeth Bathory perlt ihrt das Opferblut von der Haut wie bei Esther Williams das Wasser. In der Schlußszene des gleichen Films verschwindet sie im Nebel, im ewigen Dunkel.

Kiki de Montparnasse & Lya Lys oder: Vom Mythos der lebendigen Stadt

Jerusalem, so heißt es, sei die einzige Stadt, die zweimal existiert: Als irdische Version und als metaphysisches Double. Das “himmlische Jerusalem”, ein Ort christlicher Utopie. Zwar verfügen auch andere Städte über ideele Doppelexistenzen, aber in einem Punkt ist Jerusalem wirklich einmalig: Die Zeit des mythischen Doubles kommt erst noch, das “himmlische Jerusalem” ist ein zukünftiges Ereignis, entsteht erst in postapokalyptischer Zeit. Normalerweise liegt das mythische Double in der Vergangenheit, bestenfalls – wie derzeit Berlin – in der Gegenwart. Woraus besteht dessen Aura? Mit mythischen Städten verbindet man dauerhafte Seligkeit, ein Glück, das über den Moment hinausgeht, Flow als Grundstimmung. Das meint keineswegs die „reichsten” Städte, deren statistische „Lebensqualität” ganz oben steht. Man könnte sagen: In mythischen Städten kann man nicht nur leben, sie sind ihrerseits lebendig. Alfred Döblin schildert in “Berlin, Alexanderplatz” (1927) die Stadt als Organismus, als Lebewesen: Das pulsiert, das atmet, das bewegt sich. Ein Pantheismus, ein Glaube an die Allbeseelung, der sich nicht nur in Natur und Wald, sondern auch in Hinterhöfen und im Asphalt spiegelt.

Gegenwärtig leben zahlreiche Städte ausschließlich von ihrem mythischen Gestern, werden zum Museum der eigenen Vergangenheit. Das gilt für Wien ebenso wie für Paris. Blühte die Donaumetropole im Fin de Siècle, erlangte Paris im 19. und frühen 20. Jahrhundert seinen Weltruhm als Stadt der Bohème. Aber auch Denkmalpflege ist zeitlich limitiert: Irgendwann liegt die Eruption zu weit zurück, irgendwann hat man sie zu Tode rezensiert. So geschehen mit Paris.

Nehmen wir die surrealistische Bewegung, die so viel zum "Mythos Paris" der zwanziger Jahre beitrug: Wer könnte eine weitere Biographie über André Breton, Tristan Tzara, Max Ernst, Paul Eluard - oder sonstigem surrealen Schwergewicht ertragen? Wer möchte deren endlos reproduzierte Werke ein weiteres mal vervielfältigen? Wen elektrisieren sie noch, die bösen Kunstbuben von einst? Mythologisiert und dekonstruiert zugleich, "provozieren" sie nicht mal mehr nostalgischen Kitzel. Aktueller Energie-Quotient: 0,0 Megabite. Nichts ist so verwest, so sehr „Establishment" wie eine gestrige Revolution.

Umso erstaunlicher, wenn es einem Dr. Frankenstein gelingt, durch neue Perspektiven doch wieder Leben in mythische Kadaver zu hauchen. Catel und Baquet sind ein solches Frankenstein-Duo, und ihre Comic-Biographie über "Kiki de Montaparnasse" ist Resulat einer fast unmöglichen Reanimation. Kiki, jenes Model, das wir aus unzähligen Man-Ray-Fotos, Experimentalfilmen (wie "L'etoile de mer" oder "Ballett mechanique") oder Gemälden kennen und lieben. "Wie hübsch sieht die Welt doch aus, durch deine schönen Augen", schrieb ihr der Dichter Robert Desnos. Und tatsächlich: die Perspektive ihrer Existenz, akademisch noch unverbraucht, ihre spontane Lebendigkeit, verwandelt Verbrauchtes zurück ins Unmittelbare. Mehr noch: Kiki erscheint vitaler als je zuvor, ihr ständiges Nackt-Modeln, Ficken, Trinken, Rauchen, Singen, Tanzen und im-Café-sitzen, der Mythos vom überschäumenden Lebensrausch, ist mit leichter Zeichenfeder aufs Papier gestrichelt. Eine solche Energie muss die historische Alice Prin alias Kiki besessen haben, um sich gegen das Unverständnis ihrer Mutter, späterer Freundinnen und staatstragender Dummsäcke durchzusetzen. Was ihr nicht nur eine Achterbahn-Existenz eröffnete, sondern sie auch vor dem Orkus des Vergessens schützte, in dem ihre Kritiker bereits friedlich schlummern. Über was klatschten Kiki und Man Ray, als er das Foto von ihrem Violin-Rücken schoß? Catel und Baquet spekulieren und der Leser glaubt's. Oder genießt die Schönheit der Fiktion.

Auch wenn's im Comic nicht erwähnt ist, könnte Kiki in Paris anno 1930 Lya Lys begegnet sein, die übrigens auch eine Comic-Bio verdient hätte. Zumal heute, in ihrem 25. Todesjahr. Frau/Madame/Miss Lys besaß ein untrügliches Gespür für mythische Städte, wurde immer dort gesichtet, wo gerade ein „goldenes Zeitalter" anbrach. Mehr noch: Lya Lys fungierte regelmäßig als Ikone innerhalb dieser Mythen, war deren Co-Produzentin. In Berlin am 18. Mai 1908 als Natalia Lyecht geboren, jobte sie zunächst als Verkäuferin und Sekretärin, bis ihre Karriere bei der UFA begann. Ihr Künstlername, Lya Lys, assoziiert das Vegetative, Lilienhafte. 1930 drehte sie in Paris den berühmtesten Film des Surrealismus, "L'Age d'or", von Luis Buñuel und Salvador Dali. Der sorgte nicht nur für handfesten Skandal, er verdichtete das surrealistische Theoriegerüst zur Droge, zum Rausch der L'Amour fou. Absolute Zuspitzung: Die irrsinnige Liebesszene zwischen Lys und Gaston Modot im Park, synchronisiert mit "Isoldes Liebestod" . Der wird unweit der Liebenden, von einem Open-Air-Orchester, gespielt. Die Klänge der Sehnsucht durchziehen die Parkvegetation bis in den letzten Winkel, verschmelzen mit dem L'Amour fou-Konzept. Wagner schrieb "Tristan und Isolde" erst im fortgeschrittenen Alter. Der Liebe, die er selbst nie wirklich erlebt habe, ihr wolle er mit diesem Werk ein Monument setzen, verriet der Komponist in einem Brief an Mathilde Wesendonck. Auflösung, Revolte, Rausch und Tod strömt aus dem Orchestergraben. Durch diesen akkustischen Wahnsinn befeuert, lutscht Lya Lys die

Zehe einer Statue: Eine der direktesten Darstellungen von Fellatio im Medium Film überhaupt. (Auch David Bowie konnte Jahrzehnte später nicht anders, er mußte sie kopieren) Buñuel und Wagner begriffen, dass mehr noch als die Gesellschaft die Zeitlichkeit ein Hauptfeind der Liebenden ist. Brutal bereitetet sie dem ein Ende, was nach Ewigkeit verlangt. Wenn Gaston Modot seine Geliebte plötzlich als alte Frau halluziniert, mit weißem Haar und müdem Gesichtsausdruck, dann wirft er einen Blick in die Zukunft: Ins Altern, ins Verlöschen aller Leidenschaft und ihrer Träger.

Nachdem Lya Lys bereits das Berlin der Zwanziger und die surrealistische Bohème in Paris durchlaufen hatte, ging sie Anfang der Dreißiger nach Hollywood, dessen "goldene Zeit" gerade begann. Ob MGM sie bereits 1930 über den Atlantik holte, oder ob sie 1933 dorthin geflüchtet hat, muß offen bleiben. Dort agierte sie mit Maureen O'Sullivan in "My Dear Miss Aldrich" (1937), dort ließ sie sich von Humphrey Bogart in "The Return of Dr. X" (1939) aussaugen, der einzigen Vampirrolle des legendären Gangsterdarstellers. Bleich, morbide, der Lebenskraft beraubt, die das Zelluloid von "L'Age d'or" zum Brennen brachte, ist Lya Lys kurzer Part ein einziges Sterben. Das war 1939, als ihr altes Europa ebenfalls im Sterben lag, vor dem Inferno stand.

Lya Lys wohnte in der Hayworth Ave (West Hollywood), starb am 2. Juni 1986 an Herzversagen, wurde auf dem Prominentenfriedhof "Pacific View Memorial Park" beerdigt. Berlin hat seine große Tochter längst vergessen. Kiki de Montparnasse verließ die Welt bereits am 29. April 1953, im Alter von 52 Jahren. Paris hat sie noch nicht vergessen. Ob beide jetzt im "himmlischen Jerusalem" ihr ewige Stätte gefunden haben? Oder nur im "großen Schlaf" (R. Chandler) verlorengingen?

Die Vergänglichkeit des schönen Körpers: Sylivia Kristel

Vor 38 Jahren weckte der Name "Emmanuelle" noch keine Assoziation zu Emmanuelle Beart oder Emmanuelle Seigner, sondern an eine junge Lady, die in Asien sexuelle Selbstverwirklichung suchte und fand. Diese Romanheldin, in den Spätfünfzigern von der thailändischen Autorin Marayat Bibidh (Autorenpseudonym: Emmanuelle Arsan) kreiert, fand in der 22jährigen Sylvia Kristel die perfekte Verkörperung. Wie Vivien Leigh mit Scarlett O'Hara ("Gone with Wind") war sie mit der Romanfigur Emanuelle verschmolzen... Durch keine Nachfolgerin mehr trennbar. Sylvia Kristels Faszination lag nicht nur in Schönheit, sondern auch in aristokratischer Eleganz, in höchster Sensibilität begründet, weshalb sie später noch zur definitiven "Lady Chatterley" (1981) wurde.

Zwar blieben beide Filme, Inszenierungen ihres Entdeckers Just Jaekin, in oberflächlicher Glanz- und Lackästhetik stecken. (Was will man auch von einem Menschen erwarten, der erklärte, er sei viel zu beschäftigt, um Angst zu haben?) Doch hatte Jaekin ein Gespür für erstklassige Interpretinnen, die genau jene Dimension mitbrachten, die ihm fehlte. Das gilt auch für Corinne Clery, die in Jaekins "L'Histoire d'O" (1976) ihr Schauspiel-Debut gab.

Ließ sich "Emmanuelle" (1974), der Männer und Frauen gleichermaßen faszinierte, als zaghafter Emanzipationsfilm deuten, so hob Claude Chabrol mit "Alice" (1975) Sylvia Kristels Verletzlichkeit hervor. Frei nach Lewis Caroll erzählt der klaustrophobische Film die Odyssee einer erwachsenen Alice von einem Irrgarten zum nächsten. No Exit. Die Gewalt der Räume spiegelt sich in zunehmender Angst, Verzweiflung und Aggression der Heldin. Es ist auch Sylvia Kristels Verdienst, dass dem Nouvelle Vague-Regisseur Chabrol mit "Alice" sein Meisterstück gelang.

Sylvia Kristels extreme Empfindsamkeit resultiert freilich aus einer schrecklichen Existenz: in ihrer Autobiographie "Nue" (Nackt) erzählt sie über ihr Mißbrauchstrauma (als Achtjährige), die spätere Alkohol- und Drogenabhängigheit und den großen

Beziehungsverschleiß (u.a. mit dem belgischen Schrifsteller Hugo Claus). In den letzten Lebensjahren kämpfte sie gegen den Krebs. Dann schwächte ein Schlaganfall die körperliche Abwehr. Sie verstarb am 17.10.2012. "Schlafend", wie es heißt. Die 1952 in Utrecht geborene Schauspielerin wurde 60 Jahre alt.

Beim "Erotikstar" spielt das Körperliche eine noch größere Rolle als bei Charakterdarsteller/innen. Der Körper ist kein pures Ausdrucksmittel, kein reines Medium der Rollenpsychologie. Er wird zur Projektionstätte von Sehnsüchten: nach Schönheit, nach tief-sinnlicher Empfindung. Das Vor-Bild des Erotikstars schafft Zuwendung, Vertrauen zum eigenen Körper. Deshalb muss der Erotikstar eins sein mit seinem Leib, darf nicht mit ihm in Konflikt stehen (zumindest nicht vor der Kamera). Irritation und Angst brächen aus, sähe das Publikum diesen Körper alt und erkrankt. Darum werden Erotikstars mit zunehmenden Alter weggesperrt. Der Konflikt zwischen Urvertrauen und gewußter Endlichkeit – hier explodiert er. Und deshalb war es möglich, dass ein anderer niederländischer Schauspieler, Johannes Heesters, noch als 107jähriger ausgestellt wurde, und das Publikum über jeden Krächzer des Greises jubelte. Er stand für Widerstand gegen den (verfallenden) Körper. Da war Sylvia Kristel schon lange nicht mehr auf der Leinwand zu sehen.

"Bitte nicht Lisette erschießen!" - Zum Tod der Schauspielerin Paulette Dubost

Schumacher, Jagdaufseher des Schloßes, rast vor Wut: Seine Frau, das quirlige Dienstmädchen Lisette, betrügt ihn rund um die Uhr. Jetzt sieht er sie erneut. Im Gewächshaus. Wieder mit einem Mann. Es reicht! Der Gehörnte greift zum Gewehr, legt an. "Aber bitte nicht Lisette erschießen!" jammert sein Begleiter Monsieur Marceau. Tut Schumacher auch nicht, er liquidiert nur den Liebhaber. ... Ähnlich wie Schumacher in Jean Renoirs "La regle du jeu" (1939) hat auch der Tod immer nur die anderen erschossen, die Darstellerin der Lisette - Paulette Dubost - hingegen verschont. Bis vorige Tage. Die am 08. Oktober 1910 als Paulette Marie Emma Deplanque geborene

Schauspielerin starb am 21. September, kurz vor ihrem 101. Geburtstag. Ihre Filmographie umfasst die Jahre 1933 bis 2005, unter Regisseuren wie Jean Renoir, Max Ophüls ("Le plaisir") oder Louis Malle ("Viva Maria"). Noch 2008 rezitierte sie Rimbauds Lyrik für eine CD-Aufnahme. Wie sehr ihre kluge, verschlagene und grenzenslos sinnliche Liesette in "La regle du jeu" einst die Männer verrückt machte, zeigt das Biopic über Serge "Gainsbourg" (2010): Der junge Serge malt für Mitschüler erotische Bilder. Als ein Lehrer das entdeckt, siegt künstlerische Bewunderung über pädagogischen Anspruch und er fragt den Schüler, ob er ihm eine Nacktdarstellung von Paulette Dubost zeichnen könne... Hoffen wir, dass Madame Dubost diese Szene noch gesehen oder zumindest von ihr gehört hat.

Tatsächlich war sie in jungen Jahren derart „Fleisch", derart ver-Körper-ung ihrer Rollen, dass man Kleidung an ihr kaum ertragen konnte, die Zensur jener Jahre verflucht, die unbekleidete Darstellung verbot. Aber man verflucht auch die Chronos-Zeit, die ihren Körper alt werden ließ ("Es ist sehr ungerecht, dass Frauen altern" sagt Godard). Und man verflucht erneut den Tod, der sie zuletzt gänzlich zerstörte. Selbst wenn es postmortales Fortbestehen geben sollte, ist das in ihrem Fall wenig Trost: Zu sehr vermisst man ihre physische Seite. So zeigte Paulette Dubost zuletzt auch ein Defizit spiritueller Hoffnung. Lisette hätte darüber wahrscheinlich gelacht.

Dabei krümmte sie sich vor Angst... Geisterstunde mit Gail Russel und Jacques Derrida

Jacques Derrida war fasziniert von der Gespensterhaftigkeit des Kinos. Von den Körpern und Stimmen, die im Film ein Eigenleben führen. (1) Umgekehrt: Als jemand, den Geist und Geister faszinierten, musste er fast zwangsläufig zum Kino finden – zu d e m metaphysischen Instrument der Gegenwart. Derrida verstarb 2004, ist also selbst nur noch cinematographisches „Gespenst". In Filmen wie "Ghost Dance" (1983) oder "D'ailleurs, Derrida" (1999).

Gail Russel, 1924 in Chicago geboren, kam 19jährig zum Film. Nach zwei Kurzauftritten erhielt sie ihre erste Starrolle in "The Uninvited" (1944), bis heute einer der wenigen Klassiker des Geisterfilms. Gail Russel, über alle Maßen ängstlich und scheu, musste sich schon für diesen Film regelmäßig betrinken, um sich aufs Set, vor die Kamera zu wagen. Ihr Charme, ihre Schönheit verdecken den schmerzenden Abgrund. Sie bleibt mit ihrer Panik allein. "The Uninvited" erzählt von einem Geist, der sein altes Haus nicht verlassen will, die neuen Bewohner in Schrecken versetzt. Im Finale lacht Ray Milland den Untoten aus, wirft ihm einen Kerzenhalter in den Ätherleib: "Das Haus gehört wieder den Lebenden!" Danach kommt die alte Wohnstätte, kommen er und seine Geliebte (Gail Russel) endlich zur Ruhe.

Der Geist, das ist die Angst vor Vergehen und Vergangenem. Gail Russel überwand diese Angst nicht, vertrieb das Gespenst nicht aus ihrem Haus, trank weiter. "She was a raven-haired beauty whose fragile appearance mirrored an even more fragile psyche." (2) Ihr Siebenjahresvertrag bei Paramount wurde nicht mehr verlängert. Es war der großherzige John Wayne, der sie für "The Angel and the Badman" (1947) engagierte: In der Rolle einer Quäkertochter überzeugt sie ihren Geliebten, ein typisches Western-Rauhbein, auf Gewalt zu verzichten, stattdessen ein ruhiges Farmerleben mit ihr zu führen. Wayne erwies sich am Set als väterlicher Freund, der seine verzweifelte Actrice sogar noch trösten musste, als die sich (unglücklich) in ihren Wohltäter verliebte. Damit gefährdete Wayne seine Ehe mit der Mexikanerin Esperanza "Chata" Bauer. Die kochte vor Eifersucht, schoss sogar auf ihn. Was den "Duke" nicht hinderte, Gail Russel in einem weiteren Film – im Seefahrerdrama "Wake of the Red Witch" (1949) – zu besetzen. Leider half all das nicht: 1961, im Alter von 36 Jahren, starb Gail Russel ein ihrem kleinen Studio-Appartment bei L.A. Todesursache: Alkoholvergiftung.

In Ken McMullen's Improvisations-Film "Ghost Dance" (1983) fragt eine Studentin Jacques Derrida, ob er an Geister glaube. (3) "Das Kino ist die Kunst der Geister. Der

Kampf der Phantome", antwortet der Philosoph. Das Kino "ist die Kunst, die den Geistern die Rückkehr erlaubt." Ihm war klar, dass er, wenn er in diesem Film mitspielt, einen Geist, ein Phantom seiner selbst erzeugte. Derridas Fazit: "Also gibt es Geister". Und als „Wissenschaft der Phantome" sei das Kino mit der Psychoanalyse verwandt. Für den Denker ist Philosophieren ein Kampf gegen Gespenster. Gail Russel zeigte deren Wirkung durch ihr Spiel in "The Uninvited". Derrida dekonstruierte Macht-Hierachien der Geistes- und Geistergeschichte, Gail Russel dekonstruierte als Quäkerin ("The Angel and the Badman") die Macho-, Macht- und Selbstbehauptungs-Phantasien ihres Liebsten. Aber beider Dekonstruktion versagte vor dem "Unmöglichen" (Derrida), dem Tod. Der erlaubt keinen Zweifel, keine Hinterfragung, ist pure Macht.

Auch Gail Russel schuf ein Phantom von sich. Und niemals wird man ihr Geisterbild im Kino, TV oder Internet erleben, ohne zu wissen: Das Gespenst sagt nicht die Wahrheit: Es agiert so ruhig, blüht vor Leben, dabei krümmte sich sein Urbild einst vor Angst.

(1)vergl. Klaus Englert: Die Heimat des Nomaden, 26.05.2012: http://www.jwaynefan.com/russell.html

(2) "Ghost Dance", auf: http://www.youtube.com/watch?v=0nmu3uwqzbI

Maureen O'Sullivan – Mit dem Rücken zur Wand

Zahllose Tarzandarsteller schwangen sich über die Leinwand, dennoch blieb Johnny Weissmuller bis heute Prototyp des Duschungelhelden: „Tarzan, the Ape Man" (1932) und vor allem "Tarzan and His Mate" (1934) gelten als Kultklassiker. Dabei stand ihm, der Originaltitel verrät es, eine „Mate" namens Jane zur Seite. Hatten damalige Drehbuchautoren die Tarzan-Figur einer 90prozentigen Gehirnamputation unterzogen, daß er nur noch den berühmten Schrei und Satzfragmente ("Ich Tarzan, du Jane") von sich gab, übernahm Jane die verbale Artikulation jener Kulturkritik, die Autor Edgar Rice Burroughs seiner Romanvorlage (1912) einst unterschob. Das erforderte eine erstklassige Interpretin, die man in der irischen Jungdarstellerin Maureen O'Sullivan tatsächlich fand. Sie machte die Jane zur „anderen Kultfigur“ dieses Films; kein Filmliebespaar jener Zeit galt als derart sexy wie Weissmuller und O'Sullivan.

Maureen Paula O‘Sullivan erblickte am 17. Mai 1911 in Boyle, einer irischen Provinzstadt, das Licht der Welt. Deren Wälder und Wiesen erschienen dem phantasiebegabten Kind besiedelt mit Elfen und Kobolden, sich selbst darin integriert: Camille Paglia sollte O'Sullivans späteren Rollentyp als "sylphidenhaft" bezeichnen. Auf dem streng katholischen Internat in Roehampton verband sie eine enge Freundschaft mit Vivien Leigh, der späteren Scarlett O'Hara aus "Gone with the Wind" (1939). Während die sich streng an die Internatsregeln hielt, rebellierte Maureen gegen sämtliche Vorschriften.

Den Nonnen Tinte ins Weihwasser kippen, gehörte noch zu den harmloseren Aktionen. Durch die Verachtung ihrer Mutter von starkem Minderwertigkeitsgefühl gepeinigt, wünscht sie sich Autonomie, will Pilotin werden. (Bereits in ihrem dritten Film, dem Sci-fi-Musical "Just imagine" (1930) steuert sie eine Flugmaschiene durch die Straßen New Yorks.) Dieses anarchisch-trotzige Element wurde fester Bestandteil späterer Rolleninterpretationen, verlieh dem Image der „charmant Süßen“ einen pfeffrigen Kontrast.

1930 siedeln Mutter und Tochter O'Sullivan nach Hollywood über. Beim Pferderennen entdeckt, gelangt sie zur Fox, ehe der Hollywood-Löwe Metro-Goldwyn-Mayer die 21jährige unter seine Pranken nimmt. Maureen O'Sullivan brillierte zwischen 1930 und 1940 in über vierzig Prestigefilmen der Firma, beispielsweise im Gangsterklassiker "The Thin Man" (1934), der Marx- Brother-Komödie "A Day at the Races" (1937) dem Tolstoi-Epos "Anna Karenina" (1935) und in zwei Meisterwerken nach Erich von Stroheim-Drehbüchern ("Between two Women" 1935 und "The Devil Doll", 1936). Ihre Spielpartner: Größen wie Greta Garbo, Charles Laughton und Orson Welles.

Trotzdem blieb der erste irische Filmstar "forever Jane", wie sie selbst früh ahnte. Ganze sechs Mal gab sie die Rolle der englischen Lady, die der Zivilisation abschwört, um im Dschungel ein Aussteigerleben zu führen. Ihr Typ und ihre Darstellungsform verliefen nicht nur zeitlich parallel zum europäischen Vitalismus, zur Existenz- und Lebensphilosophie – einer Richtung, die der Philosoph Ernst Bloch vor allem beim Natur- und Seelenmystiker Ludwig Klages als "komplette Tarzan-Philosophie" attackierte; wenngleich er das utopische Potential der Dschungelabenteuer erkannte.

Tatsächlich praktizieren Tarzan und Jane eine Aussteiger-Existenz, die sich ganz dem Elementaren verschreibt. Als in „Tarzan and His Mate" Janes ehemalige Freunde sie im Urwald aufsuchen, mit Erinnerungen an Zivilisation und Nächte in Londoner Tanzclubs traktieren, ihr Seidenkleider mitbringen, Musik vorspielen, kann sie, nach anfänglicher Schwäche, nur müde lächeln. Nein, sie will das pure Leben, keinen Wohlstandsknast. Man muß ihren Dschungel als „symbolischen Raum" eines élan vital auffassen, als innere Wildheit, in der Jane sich bewegt.

Aber die Rechnung wäre nicht aufgegangen, hätte Maureen O'Sullivan all das nicht verkörpert: Ihre Augen, ihre Stimme und Bewegung verströmen endlose Energie, überschäumende Lust und andererseits – man erinnere sich an Janes Gebet am Grab ihres Vater – die Fähigkeit zur tiefsten Trauer, meditativer Versenkung. Maureen O'Sullivan ist neben Fay Wray („King Kong", 1932) eine Schwester europäischer Lebensphilosophen.

Dass der damalige Zensor aus "Tarzan and His Mate" manche Nudität entfernte, war vor diesem Hintergrund nur Symptombehandlung: In Maureen O'Sullivans Interpretation war Jane für die Zivilisation unrettbar verloren. Dafür erhielt sie massenweise Drohbriefe aufgebrachter Zuschauerinnen, und ein Asylangebot in San Francisco. Die Zensur verschärfte ihre Vorschriften und MGM drehte fortan nur noch jugendfreie Tarzan-Filme.

Obwohl von Publikum wie Kritik gleichermaßen gefeiert, hielt Maureen sich für unattraktiv, wenig originell und ohne Ehrgeiz. Ihr Erfolg bei Presse und Publikum? – Pure Selbstverteidigung, weil das Leben sie in die Ecke dränge, darin perfektes Abbild ihrer irischen Heimat. Ein frühes PR-Foto der Schauspielerin, gefesselt und mit Strick um den Hals, spricht Bände. Privat stand sie zwischen Revolte und Hilflosigkeit: So rammte die 19jährige mit ihrem frischgekauften Auto einen Polizeiwagen und beging Fahrerflucht. Oder: Weil ihr das Schicksal der Straßenhunde ans Herz ging, sammelte sie alle auf. Ihre Hollywood-Apartment wurde bald zu einem Asyl heimatloser Vierbeiner. Auch ihr literarisches Werk, ein Essay über Frauen, deren Männer im Krieg kämpfen, "Sundays are the worst" (1942), oder Kurzgeschichten wie "The Umbrella" und „Getting the Message" thematisieren Verlustangst und Einsamkeit.

Maureen O'Sullivans letzte Revolte gegen Hollywoods Konventionen bestand in der Ablehnung jeglichen Make-ups für den Western „The Tall T" (1957), in der Präsentation in ihrer unverfälschten Schönheit.

1941 begann sie eine Affäre mit dem Schriftsteller Erich Maria Remarque ("Im Westen nichts neues"), bei der sie schwanger wurde. Am 05. Oktober 1941 notierte Remarque: "Maureen phoned. Told me it is to happen today." (1) Das Remarque-Archiv identifizierte dieses „it" als Abtreibung. Bei der Katholikin Maureen O'Sullivan dürfte das schwere Schuldgefühle provoziert haben. Dass sie kurz darauf mit ihrem Ehemann, dem Regisseur und Papst-Biographen John Farrow sieben Kinder zeugte, erklärt sich vor diesem Hintergrund als mögliche Kompensation eines Schuldgefühls. Von ihren Kindern gelangten drei zu Ruhm: Prudence Farrow, für die John Lennon 1968 seinen Hit "Dear Prudence" schrieb, Tisa Farrow, die mit Splatterkrachern wie "Man Eater" (1980) zur Scream-Queen avancierte und Mia Farrow, seit „Rosemarys Baby" (1967) ein Weltstar. Als Mia den Regisseur Woody Allen heiratet, besetzt der "Hannah and Her Sisters" (Hanna und ihre Schwestern, 1986) mit seiner neuen Schwiegermutter.

Noch im gleichen Jahr holte Francis F. Coppola, ein O'Sullivan-Fan auf Lebenszeit, sein

Idol für “Peggy Sue Got Married” (1986) vor die Kamera. Als 75jährige Großmutter der Heldin Peggy Sue (Kathleen Turner) strahlt der Altstar freundliche Gelassenheit aus, zeigt Verständnis für den Irrsinn des Lebens, hilft der – durch Zeitreisen verwirrten – Enkelin bei der Suche nach dem eigenen Weg.

Die gläubige Katholikin Maureen O’Sullivan starb am 23. Juni 1998 in Scottsdale, Arizona. Fast siebzig Jahre bannten Kameras ihren Lebensprozess auf Zelluloid, vom dynamischen Auf- bis zum würdevollen Ausblühen. Im Schatten der Ängste trotzte sie dem Leben Erfüllung und ein großes Werk ab.

(1) zit. n. Hilton Tims: Erich Maria Remarque. The last Romantic. New York 2003, S. 130

Der Schrei der Elektra: Susan Strasberg

Fällt im Filmbusiness der Name “Strasberg“, schnellt die Assoziation meist zu Lee Strasberg, den legendären Mitbegründer des “method acting“. Weniger bekannt, obgleich ihrerzeit Star und Bestsellerautorin, ist seine 1938 geborene Tochter Susan Strasberg. Bereits seit früher Jugend auf der Bühne (“The Story of Anne Frank“, 1955) schrie sie sich 1960 mit “Taste of Fear“ neben Fay Wray und Evelyn Ankers an die Spitze der Scream-Queens. Ihre Penny Appleby mit milchweisser Haut und schützender Sonnenbrille erschien dem Filmkritiker Hans Schifferle wie eine Antizipation der „New Wave“-Ladys, als Francoise Sagan-Figur. Deren Verletzlichkeit (Penny ist an einen Rollstuhl gefesselt) wirkt umso irritierender, wenn das Finale sie als “zarten Engel der Rache“ (Schifferle) enttarnt. "Taste of Fear" ist antiker Elektra-Stoff als Film Noir. Penny wird vom Geist ihres Vaters verfolgt. In einer Szene sitzt sie im Rollstuhl vor dem schlammigen Swimmingpool, auf dessen Grund der Leichnam ihres Erzeugers schwimmt: Elektra am Grab von Agamemnon. Um sie herum: neoklassizistischer Säulendekor. Dabei hatte das Mörderpaar die Tochter durch trickreiche Geistererscheinung bloß täuschen wollen, stattdessen aber einen archaischen

Rachemythos reanimiert. Stützt das „method acting“ ihres Vaters sich auf Realismus-Ästhetik (Wer bin ich? Wo bin ich? usw.), dann ist Susans Strasbergs zweiter Kultfilm, Roger Cormans “The Trip“ (1967), ein Versuch, diese räumlich-kausale, Individuation hervorbingende Realität mit LSD zu sprengen. Auch privat setzte Susan Strasberg auf psycho-physische Entgrenzug: Während der Dreharbeiten zu “Psych-Out“ (1967) bekannte sie sich zur Wilhelm Reich-Therapie: Ihr Spielpartner Jack Nicholson “didn't complicate things in the way that some actors do.

When were were filming (the sex scenes), for example, I discussed Reichian therapy with him. I had been in Reichian therapy, and so had Jack, I believe. Reich was a brilliant man with complex theories, far ahead of their time, about the bio-energy of the body. And I remember Jack distilling it all down to 'You (have sex) better.'“ (1)

Den erotischen, vom Leben durchpulsten Körper fand Susan Strasberg früh bei ihrer Freundin Marilyn Monroe. Als die adoleszenten Susan eines Morgens erwachte, ihre Freundin Marilyn nackt am Fenster stehen sah, wollte sie in diesem Körper wohnen. Selbst als Marilyn am Fenster stehen. So erzählte sie in ihrem Buch “Marilyn and Me: Sisters, Rivals, Friends“ (1992).

Laut Wilhelm Reich dient der Orgasmus als Regulator der Lebensenergie (Orgon). Dessen Störung aber befördere Krebs. Reichs These gehört wohl in die Kategorie „Romantische Medizin“. Auch Susan Strasbergs Reichianismus schützte sie leider nicht vorm Brustkrebs, dem sie 1999 (im Zusammenhang mit Trombose) erst 60jährig erlag.

(1) zit. n. Patrick McGilligan, Jack's Life: A Biography of Jack Nicholson. W.W. Norton & Company: New York 1994. S 185-186:

III. AM KRATERRAND DER EXISTENZ (ESSAYS)

Zeit der Kinder, Zeit der Mumien

a) Don't look now!

Nicht mal eine Minute lang ist das Gesicht zu sehen – und selbst weniger hätte gereicht, um es nie wieder zu vergessen. Es erwartet John Baxter am Ende eines Labyrinths. Er war einem „Kind“ mit rotem Kapuzenmantel durch die Gassen Venedigs in einen zerfallenen Palais gefolgt. Was ihn zog, war der rote Mantel. Den trug seine Tochter – als sie ertrank. John Baxter kam damals zu spät. Konnte nicht mehr helfen.

Jetzt folgt er dem kleinen Wesen, seiner Vergangenheit. Dass ein Mörder in Venedig umgeht, dass er dieses Männlein sein könnte, dass man an der Wiederkunft von Vergangenem sterben kann: All das will Baxter nicht wissen. Nur hinterher. Erlösung vom Schuldgefühl... Endlich bleibt das Männlein stehen. Im dunklen Dachstuhl des fauligen Palais. Mit dem Gesicht zur Wand. Baxter nähert sich vorsichtig. Kniet vor ihm. Sagt ihm, es brauche keine Angst zu haben... Jetzt dreht sich das Männlein um. Unter der Kapuze – das zerfallene Gesicht: Unheimlich, häßlich. Nicht Mann, nicht Frau. Furchtbar und mitleiderregend zugleich. Es schüttelt den Kopf, begreift nicht, warum ein Mensch sich ihm so willentlich ausliefert. Nicht flieht. Nicht um sein Leben rennt. Glaubte Baxter wirklich, er würde hier die verlorene Tochter finden? Das rotbemantelte Wesen zieht sein Messer, seine Machete, seine Sichel, haut es mit höhnischem Lächeln in John Baxters Hals. Der schreit nicht. Der liegt am Boden und windet sich. Röchelt. Alles läuft vor ihm ab, ein letzter Film, ein letzter Kinobesuch: Der Tod der Tochter. Seine Restaurationsarbeit. Der letzte Sex mit seiner Frau – während das Blut ihm aus der Schlagader quillt. Baxter: Das Tier im Schlachthof der Vergangenheit. “Denn es geht dem Menschen wie dem Vieh.“ Das zerbrochene Herz tut seinen Dienst: Pumpt das Blut durch das Netzwerk der Adern, pumpt es heraus, pumpt ihn ins Nichts.

Als Regisseur Nichoals Roeg bei der Vorbereitung von “Don't look now” 1973) nach der Besetzung des Männleins suchte, fand er ein Foto der Sängerin Adelina Poerio. Ihm war sofort klar: Die oder keine. Es sollte ihr einziger Filmauftritt bleiben. Kein Geburts- (oder gar Sterbe-) Datum ist bekannt. Wo sang sie? Singt sie noch? Nichts zu finden. Wie das Männlein verschwand sie wieder in dunklen Gassen. Vielleicht sollte man ihr nicht folgen.

a) Don't look back!

Der Horrorfilm kennt zwei Wege, Vergangenheit und Erinnerung in Relation zu stellen: 1) Die Vergangenheit kehrt als Monster zurück, worauf sich die Protagonisten ihr stellen (müssen). Qualvolles Erinnern setzt ein. Die "Intention" des Monsters, die Bedeutung seiner Wiederkehr, muss begriffen werden. Nur so läßt es sich besiegen. Hier steht das Ungeheuer und seine Zerstörung analog zum klassischen Therapie-Verlauf.

2) Es kommt zuerst die Erinnerung, oft aus nichtigem Anlass, und das Monster erwacht wieder. Oder ersteht *parallel* zur Erinnerung der Protagonisten. Oder die Kausalität verfängt sich in Zeitschleifen: "Don't look now", "Mullholland Drive".)

Ein Beispiel für die Parallel-Variante ist "The Mummy's Tomb" (1942): Zu Beginn erzählt der Archäologe Steve Banning von der Expedition zu einem ägyptischen Grab und dem Wiedererwachen der Mumie. Das liegt 30 Jahre zurück. Aber "zufällig", nach dieser Erinnerung, wird die Mumie erneut aktiv, folgt ihm über den Kontinent und fordert finale Konfrontation. Besteht ein Zusammenhang? Wenn ja, was symbolisiert die Mumie, deren Ausbruch schrecklich, lebensbedrohlich wäre? – Sie steht für die Sehnsucht nach Ewigkeit! Der Ewigkeit des Lebens und der Liebe. Diese Sehnsucht lässt sich nicht dauerhaft in Fesseln (Bandagen) zwängen. Auch nicht im materialistischen Zeitalter. Anders der Archäologe Banning, der den Tod seiner Frau "normal" verarbeitet, ein Foto von ihr aufstellt, sucht die Mumie 3000 Jahre lang nach der verlorenen Liebe.

Der Dichter Théophile Gautier hat in "Le Roman de la momie" (1858) sogar eine Umkehrung des Sujets versucht, die Nekrophilie innerhalb der Sehnsucht nach Ewigkeit betont: Der Forscher Lord Evendale verfällt der Ägypterin Tahoser, deren Mumie er ausgrub. Im letzten Absatz heißt es: "Lord Evendale hat nicht geheiratet, trotzdem er der Letzte seines Namens ist. Die hübschen jungen Engländerinnen seiner Gesellschaft schütteln die Köpfe ob seiner abweisenden Kälte, sie verstehen ihn nicht, dass er Tahoser liebt, die Tochter des Hohenpriesters Petemounoph, die vor dreitausendfünfhundert Jahren gelebt hat." Wie sehr Lord Evendale damit zum Vorläufer moderner Cineasten wurde, zeigte Francois Truffauts "La chambre verte" (Das grüne Zimmer, 1978)

Ebenso unheimlich ist der "Mumien"-Begriff des Paracelsus: Nicht am Altägyptischen orientiert, meint er den astralen Mittelkörper, über den sowohl (tote) Gegenstände wie lebendige Wesen verfügen. Aber selbst Lebendiges erhält durch diese Metaphorik morbide Färbung. Sie spielt mit der Tautologie der "toten Seele".

Im Zusammenhang mit dem Medium Film ließe sich auch fragen: Ist es Zufall, dass im Europa des 19. Jahrhunderts die Ägyptomanie ausbrach? In einem Zeitalter, wo der Materialismus Oberhand gewann, entsteht Interesse an einer Kultur, die sich (wie keine zweite) aufs Ewige fixierte! In einem Jahrhundert, das zudem Fotografie und Film hervorbrachte: zwei weitere Versuche "säkularisierter" Ewigkeit.

Hochzeitsvergewaltigung und Wellness-Terror

Pressekonferenz in einem Vorort bei Köln. Beginn der Dreharbeiten zu "Nymphomaniac". Regisseur Lars von Trier ist anwesend. Diesmal kam es nicht zum Eklat. Nein, diesmal war sein Widerstand subtiler: Als man ihn bat, für ein Foto zu "lächeln", senkte Lars von Trier den Kopf halbironisch zur Seite, mehr nicht. Das Lächeln auf Befehl blieb aus. Natürlich bemerkte niemand die Unsensibilität, ja Grausamkeit, einen Depressions-, Angst- und Zwangsgeplagten ins Grinsen zu zwingen.

Wer diese Forderung mit Tradition begründen möchte, ist im Irrtum: Der Zwang zum "Cheese-Smiling"-Foto ist keineswegs alt! Vom frühen 19. bis ins frühe 20. Jahrhundert, also in fast 100 Jahren Geschichte des Fotoporträts, war ein neutraler Gesichtsausdruck üblich. Die geheuchelte Wellness ist die Kreation vergangener Jahrzehnte.

Das verstand Klaus Kinski bereits vor 30 Jahren, als er eine krampfhaft lächelnde Interviewerin anfuhr: „Ihr wisst ja gar nicht, wie aggressiv Ihr (Medienmenschen, Anm.) seid!" Die begriff natürlich nichts: Sie war doch nicht unhöflich gewesen...

Durch die Aufforderung zum Cheese-Posing widerfuhr dem dänischen Regisseur genau das, was seine depressive Heldin Justine in der ersten Hälfte von "Melancholia" (2011) erleidet: Bei ihrer Hochzeitsfeier scheitert sie am Seelenterror der Trivialgesellschaft. Sie kann die schwachsinnigen Riten, diese mörderische gute-Laune-Energie nicht bedienen, verliert alle Kraft, bricht zusammen. (Erst im Angesicht der Apokalypse zeigt sich ihre Stärke – und die Schwäche ihrer Verächter.) Mit der Aufforderung "Lächel doch mal, Lars" verschmolz die Journalistenmeute mit jenen Hochzeitsgästen und Lars von Trier mit seiner Filmfigur, der depressiven Braut Justine.

Dazu passte, dass die journalistischen "Hochzeitsgäste" der "Nymphomaniac"-Konferenz der Schauspielerin Charlotte Gainsbourgh erneut die Suggestiv-Frage stellten: Ist Lars von Trier nicht "doch misogyn"? Nicht doch "ein Frauenfeind"? - "Rubbish!" lautete die Antwort. Und das war noch höflich formuliert. Dass die Frage nach Von Triers Frauenfeindlichkeit seit Jahren zwanghafte Wiederholung erfährt, liegt an der heimlichen Hochzeit zwischen Feminismus und Positiver-Laune-Ideologie: Emanzipiert, befreit von gesellschaftlichem Zwang ist jene Frau, die als strahlend-grinsende Siegerin dasteht. Bei diesem ideologischen Schema spielt das Interesse, das Verständnis, die Identifikationsbereitschaft eines Lars von Trier keine Rolle. Dass es für einen Depressiven keine sympathischen Siegertypen geben kann, dass er die Würde der Person in ihrer Tiefe suchen muss, übersteigt den Horizont solcher Interpreten.

Das betrifft nicht für den Feminismus allgemein, dessen Kampf um gleiche Rechte und Chancen mehr als berechtigt ist. Es geht hier um die Spielart des synthetischen "Wellness-Feminismus". Eine solche "Wellness-Feministin" beschimpfte jüngst auch Romy Schneider: viel zu melancholisch sei ihre Figur in “L'important c'est d'aimer” (1975), null Souveränität zeige sie da. Schließlich fand die Kritikerin ein frühes PR-Foto der Angeklagten: Da stand sie, prall geschminkt, mit gespieltem Selbstbewußtsein und fettem Grinsen. So eine Romy wünsche sie sich, fügte die Ideologin hinzu. Wie sehr sich die Melancholikerin Romy Schneider für dieses Foto vergewaltigen musste, man kann es nur ahnen. Das aber spielt für solche Leute keine Rolle. Darin sind Ideologen aller Couleur und Zeiten gleich: Die Menschen werden zum Objekt ihrer Verbiegungs- und Verkrüppelungspädagogik. Ganz gleich, ob für die Inquisition, die Tscheka oder emanzipatorische Wellnesskultur. Egal, ob das Ziel der gute Christ, der klassenlose Arbeiter oder die zombifizierte Schauspielerin ist: Das Individuum wird solange entstellt, bis es dem ideologischen Monster-Schema ähnelt.

Die Einsamkeit des Amoklaufläufers

Auch nach James Holmes Amoklauf bei der “The Dark Knight rises“-Premiere zitieren die Medien den üblichen, nutzlosen Fragebogen: “Wie kann jemand so etwas tun?“ Oder: “Was für ein Mensch ist das?“ Rhetorische Fragestellungen, die zu keiner Antwort führen, reine Artikulation des eigenen Unverständnisses. Damit überläßt man die „Details“ dem psychiatrischen Fachpersonal. Mehr noch: Wer Unverständnis eingesteht, ordnet sich selbst bei den “Guten“ ein. Dahinter steht die Selbstberuhigungs-Logik: “Da mir das völlig fremd ist, könnte ich es auch niemals tun.“

Nur, wer das Verstehen der Psychiatrie überlässt, den Amoklauf für einen individuellen “Betriebsunfall“ hält, stellt der Gesellschaft den Persilschein aus. Deshalb lautet die Frage nicht: “Wieso tut der Amokläufer das?“, sondern: “Wieso tun das nur so wenige Menschen?“ Wieso rasten nicht viel mehr Menschen aus? Bei diesen Bergen an alltäglicher Frustration, Leid und Ungerechtigkeit? Wie ertragen fast 8 Milliarden Menschen weltweit das Leben ohne Explosion des psychischen Apparates? Eine mögliche Antwort liegt im “Abgeben“: Was sich an Frustrationserfahrung, Aggressionsauslösendem im Individuum sammelt, wird durch Kommunikation verdünnt, mit anderen Impulsen durchmischt, abreagiert. Der Betroffene erfährt Solidarität, wird ermutigt, bestätigt, entdeckt andere Seiten in sich, Alternativen zur eigenen Fehlerhaftigkeit, erhält Lösungsvorschläge und positive Empfindung (auch erotischer Art). All das hebt den Ballast an Problemen und Qual nicht auf, “verdünnt“ ihn jedoch, macht ihn erträglich. Was aber, wenn die Kommunikation blockiert ist? Wenn der Kontakt nach Außen nicht funktioniert? Wenn sich die Energiebalance nicht wieder herstellen läßt? Der Schauspieler Jürgen Vogel recherchierte für seine Rolle als Vergewaltiger (“Der freie Wille“, 2006) in Nachtclubs, beobachtete die Kommunikationsunfähigen, hoffnungslos Introvertierten. Im Interview gestand er das Erschreckende solcher Existenz: Das Leben sei ohnehin hart und schwer. Und dann noch unfähig zum Kontakt...Furchtbar. Die negativen Emotionen sammeln sich unverdünnt, steigern sich ins Unerträgliche. Und die Eskalation kann sowohl im Selbstmord wie im Amoklauf bestehen. Im Gegensatz zum ideologisch motivierten Attentäter zielt der Amokläufer sich keine bestimmte Gruppierung. Es ist die Menschheit als Ganze, von der er sich ausgegrenzt fühlt, der er den Krieg erklärt. Das schließt nicht aus, dass manche Amokläufer sich ideologische Tarnhelme aufsetzen. Aber die Wahl der Opfer bleibt auch in solchen Fällen auffallend willkürlich. Der Selbstmörder hingegen erklärt sich selbst den Krieg, eliminiert sich selbst als seinen größten Feind.

Dieser Einsamkeit durchdringt auch die Heldin aus Bruno Dumonts Film “Hadewijch“ (2009): Eine junge Christin, zur menschlichen Nähe unfähig und an unerfüllbarer Liebe zu Jesus Christus leidend, plant ein Selbstmordattentat in der Metro. –

Der Amokläufer will einmal, im Moment der Eskalation, die Anderen, die Unerreichbaren, doch noch erreichen: Heftige Emotion auslösen, sich in die Körper der Opfer einschreiben, in die Menschheit eindringen. Ein düsterer Dionysos soll ihn aus dem apollinischen Gefängnis befreien.

Lange Zeit dominierte die – psychologisch absurde – "Kausal"-Erklärung vom medialen Vorbild des Amokläufers: "Chucky, die Mörderpuppe", Jason aus "Freitag, den 13." oder – aktuell - der "Joker" aus "The Dark Knight" für James Holmes. Wird diese Vorbild-Theorie von den Medien inzwischen weitgehend verworfen, so feiert sie in Kommentar- und Leserbriefspalten fröhliche Urstände: ein jungianischer Psychiater erklärte in der "Süddeutschen Zeitung", dass ein filmischer Negativ-"Held" die finstere Seite, den düsteren „Archetypen" im Zuschauer hervorheben könne. – Dem ließe sich C.G. Jungs Forderung entgegenhalten, die dunkle Seite nicht zu leugnen, sondern bewußten Umgang mit ihr zu erlangen. Aber genau dem ist der Mainstream nicht gewachsen.

Da die Medien jedoch nicht nach alternierender Deutung suchen, konnte die aktuelle "Zeit" (1) den moralischen Zeigefinger heben, "irgendeinen" Zusammenhang zwischen dem Joker und Holmes postulieren und dessen Leugnung als "Verdrängung" brandmarken. Versuchen wir dieses "irgendwie" zu klären: Gewiß haben solche Filmfiguren bei Amokläufern für formale Inspiration gesorgt, schließlich ist der Amok auch finale Selbstinszenierung. Hätten die Täter diese Filme nicht gesehen, sie würden ein anderes Vorbild für ihre blutige Maskerade gesucht bemühen. Aber dass ein Joker, ein Jason solches Tun initiieren, dass die Blutbäder ohne sie nicht stattgefunden hätten, verrät völlige Unkenntnis der menschlichen Psyche. Auf die Formel gebracht hieße das nämlich: Tagtägliche Hilflosigkeits- und Frustrationserfahrung hätten nichts bewirkt, nur das filmische Vorbild habe den Tötungswillen aktiviert. Ähnlich wie man im 19. Jahrhundert den Amokimpuls aus vorherigem Drogenkonsum erklären wollte.

Durchsichtiger sind Sündenbock-Modelle selten gewesen. Aufgestellt von einer Gesellschaft, deren Pädagogen und Werte (-Vermittler) an der Aus-Bildung des Amokläufers beteiligt sind. Jetzt erkennt man auch den "irgendwie"-Zusammenhang: Der Filmbösewicht à la Joker und der Amokläufer artikulieren die gleiche menschliche und gesellschaftliche Defizit-Struktur. Der Amokläufer borgt sich die Identität des medialen Monsters, weil er darin seine eigene Qual erkennt. So wie manche vorab in Videospielen versuchen, ihren Konflikt in gesellschaftskompatible Explosionen zu kanalisieren.

James Holmes am vergangenen Montag im Gerichtssaal: Seine Erschöpfung, die Unmöglichkeit zur Konzentration, der Selbstverlust. Und im Kontrast dazu: Das juristische Personal, ganz in seelischer Balance. Dann das Interview mit der Staatsanwältin, die in aller Ruhe erklärte, die Möglichkeit einer Todesstrafe, also die Vernichtung eines weiteren Menschenlebens, zu erwägen – ohne innere Not. In Bezug auf diese Juristen wäre die Frage "Wie kann jemand so etwas tun?" oder: "Was für ein Mensch ist das?" wohl noch schwerer zu beantworten. Aber niemand fragt nach "filmischen Vorbildern" für solch notlose, eisige Tötungslust. Ein besonders perfider Trick ist dabei, die eigene Mordlust aus dem Mitleid mit den Opfern zu erklären. Dazu nur: Das Opfer wird durch die Vernichtung eines weiteren Menschen nicht wieder lebendig. Und auch die Angehörigen finden – das belegen psychiatrische Studien – nach dem Tod des Mörders nicht den zuvor erhofften Frieden.

(1) Iris Radisch: Die Verantwortung der Bilder: http://www.zeit.de/2012/31/Film-Attentat-Gewaltakt

Die Insel des Dr. Moreau: Pantherfrau und evolutionäre Verzweiflung

Dr. Moreau, Arzt & Evolutionsbeschleuniger, operiert Tiere zu Menschen um. Ehemalige Panther, Hyänen u.a. Tierarten, die – jetzt zweibeinig, vegetarisch und sprachbegabt – nach seinem Gesetz auf einer Insel hausen. Bricht "das Tier" in ihnen wieder aus, fressen sie Mitgeschöpfe oder reissen sie Rinde von den Bäumen, muss operativ nachgebessert werden, müssen sie ins “Haus der Schmerzen”. H.G. Wells Roman “The Island of Dr. Moreau” (1896) wurde mehrfach verfilmt. Die erste, “Island of lost Souls” (1933, Regie: Erle C. Kenton), zentriert die Liebe des gestrandeten Edward Parker zur Pantherfrau Lota (Kathleen Burke). Ihr Schöpfer Dr. Moreau (Charles Laughton) fördert diese Liebe, hofft er doch, dass aus beider Paarung eine neue Menschenart entstünde. Aber das schlägt fehl. Obwohl Moreaus “Meisterwerk”, bildet auch Lota sich wieder zurück: Beim Liebesakt bekommt Parker ihre Klaue zu spüren.

Nach einer weiteren „Moreau“-Verfilmung (1977) und zusätzlichen Quasi-Remakes (z.B. “Mesa of lost Women”, 1953) stellte Regisseur John Frankenheimer in der bislang letzten Version des Romans - “DNA” (1996) – die Liebesgeschichte zwischen dem schiffbrüchigem Douglas und Pantherfrau Aissa in den Hintergrund. Dr. Moreau betreibt auch keine qualvollen OPs mehr, sondern löst Metamorphosen durch ein genveränderndes Serum aus. Marlon Brando spielt den Mad Scientist als weißgewandeten Guru, dessen Experimente keinen “neuen Menschen”, sondern der “Befriedung” dienen: Der Überwindung des Animalisch-Aggressivem. Dazu werden die Tiere – nebst Genmanipulation – strengen Gesetzen unterworfen (s.o.). Wieder kommt es zum Aufstand der gequälten Kreaturen. Und zuletzt gibt sogar der Priester der Tiermenschen, einst überzeugter Vertreter von Moreaus Gesetz, unumwunden zu: Es sei sehr schwer, auf zwei Beinen zu gehen. Weshalb er seine zunehmende “Rückbildung” zum Tier mit Erleichterung registrierte. Hier greift Frankenheimer ein Thema auf, dass Nietzsche (“Jenseits von Gut und Böse”) und Henrik Ibsen (“Die Frau vom Meer”) reflektierten: Die Qual des Menschseins. Zerrissen zwischen Ethos und Trieb, zwischen Bewußtsein und angstvollem Lebensschicksal. Wie das ertragen? Seit dem Erscheinen des Menschen im Pleistozän eine offene Frage. Der Mensch ist nicht, wie Dr. Moreau glaubte, die Krone der Evolution, sondern deren Umschlag in bewußte Verzweiflung.

Zombie-Gnosis

Der moderne Zombie, meist als allesverschlingender Konsument interpretiert, ist auch gnostisches Symbol für die Hinfälligkeit der Biologie: Die Untoten verwesen bei lebendigen Leib. Individualität, Psyche, Seele, all das hat sich längst zurückgezogen, läßt den Körper in seinen vegetativen Funktionen allein.

Der Oxford-Professor Peter Brown beschreibt in seiner Augustinus-Biographie die Gnostiker als "eine Gruppe von Männern und Frauen, bleich vom Fasten". Der Körper ist lebendig, aber bleich wie der Tod. Die Psyche hat sich durch Askese vom Körper entfernt. Gnostiker und Zombies überlassen ihren entseelten Körper einer perversen Nahrungskette, deren Teilnehmer sich gegenseitig verschlingen. Die Zombie als die heimlich Erlösten des 21. Jahrhundets? – Leider kann im Zeitalter der Neurosen kaum jemand an "die Seele" (als göttlichen Funken) glauben. Nicht zusammengehörig und doch untrennbar, bilden Körper und Seele eine Synthese, die nur in wenigen Momenten aufgeht.

Voices from the Graves

a) Pre-Code-Hollywood gegen staatlichen Mord

Die Todesstrafe ist maximaler Zivilisationsbruch. Wenn Zivilisation ihre Legitimation aus dem Schutz zieht, den sie Mitgliedern vor dem Tod bietet, wenn das Aufhalten des "ewigen Siegers" die Letztbegründung von Gemeinschaftlichkeit bedeutet – dann ist das Blutgericht deren Ende. In ihm stellt sich die Gesellschaft auf Seiten des fundamental Bekämpften, übt also Verrat an der eigenen Legitimation. Nur wenige Denker vor dem 20. Jahrhundert hatten derart tiefen Einblick in die Qual menschlicher Existenz, dass sie zur Verneinung der Todestrafe gelangten: Unter ihnen der Kirchenvater Origines oder der Marquis de Sade. Vielleicht werden beide einmal als seltene Zeugen genannt, wenn die Ehrenrettung der Menschheit rückwirkend zur Debatte steht. Die Verschärfung des Hayes-Code um 1934 bedeutete vor allem Leugnung von Elend.

Nicht nur die Darstellung von Sex, auch die von Gewalt, Drogen, Prostitution, Verwahrlosung verschwand von der Leinwand, oder überstand nur in abgeschwächtester Form. Dazu zählt auch der Horror der Todesstrafe. Niemals wieder fuhr Hollywood derart scharfe Angriffe gegen staatliches Morden wie in Zeiten des Pre-Code, in Filmen wie "The last Mile" (1932), "The Sin of Nora Moran" (1933) oder "Call it Murder" (1934). Die Bühnenadaption "The last Mile", zeigt einen Gefangenenaufstand im Todestrakt. Dabei gerät das Gefängnispersonal in die Hände der Delinquenten – und zeigt plötzlich dieselbe Angst und Panik wie ihre vorherigen Opfer. Bitten ebenso um Schonung und Gnade. Ihr Versuch, das eigene Morden als "gerecht" zu verkaufen und die Aufständischen von der Illegitimität ihrer Notwehr zu überzeugen, offenbart die zynische Absurdität solchen Strafens.

"The Sin of Nora Moran" zeigt die mechanische Kälte beim Vorbereiten der Exekution, die Verweigerung jeglichen Mitgefühls für die weinende Delinquentin, deren Magen vor Angst kein Essen mehr nimmt. Der Alternativtitel "Voice from the Grave" bringt es auf den Punkt: Nora Moran ist lebendig begraben! Umgeben von Menschen, die sich zum Rädchen einer kafkaesken Tötungsmachine degradieren.

Wenn es in der Natur so etwas wie eine letzte "Gnade" gibt, dann die: Der Mensch, durch seine Geburt zum Tode verurteilt, weiß nicht den Augenblick seines Verlöschens. (Und selbst der vage Zeitpunkt wird noch ausreichend verdrängt!) Lediglich der Todeskandidat kennt ihn auf Sekunde genau. Die Last, als biologisch gesundes Wesen via Countdown der eigenen Vernichtung entgegenzublicken, sprengt jede Grenze des Grauens. Dargestellt in "Call it murder", wo die junge Todeskandidatin an der Last des Sterbebewußtseins zusammenbricht. Einen ähnlich ungeschminkten Einblick in die Schrecken der letzten Minuten sollte erst wieder Robert Wises "I want to live" (1958) liefern. Wer Todesstrafe nicht als unerträgliche Grenzüberschreitung, als ein absolutes Zuviel an Leidzumutung begreift, belügt sich selbst über den Schrecken des Todes.

Was selbst Gegner der Todestrafe noch übersehen: In einem Staat, der sie zuläßt, wird bereits dem Verdächtigen unerträgliche Erwartungsangst zugemutet. Selbst wenn er zuletzt freigesprochen wird. Alleine das Warten auf den Gerichtstermin. Das Anhören falscher Schuldkonstrukte durch den Staatsanwalt. Die Abhängigkeit der eigenen Existenz vom mittelmäßigen Verstand der Jury oder des Richters. Es ähnelt dem endlosen Warten auf eine (womöglich den Tod verkündenden) Arztdiagnose. Schon wenige Minuten im Wartezimmer bereiten dem Patienten eine unvergessliche Hölle. Wie erst das Monate dauernde Ausharren eines Angeklagten vor und während des Prozesses?

b) Hilflosigkeit der Goethe-Exegeten

1934, exakt 100 Jahre nach Goethes Tod, fand der Forscher Willy Flach ein bis dahin unbekanntes Dokument: Datiert vom 4.11.1783, erzählt es von der Verurteilung einer Weimarer Kindsmörderin. Sie hieß Anna Catharina Höhn, "sie hatte im April selbigen Jahres ihren Sohn kurz nach der Geburt mit drei Messerhieben erstochen. Am 25. September wurde die Höhnin von einem ordentlichen Gericht zum Tod durch das Schwert verurteilt, obwohl während des Prozesses Zweifel aufkamen, ob es sich beim Opfer überhaupt um eine Lebendgeburt gehandelt hatte. Der oberste Landesherr Carl August war von der Notwendigkeit der Todesstrafe nicht überzeugt. Er schaltete sein Geheimes Conseil ein, das aus den Herren Schnauss, Fritsch und Goethe bestand, und bat um juristischen Rat. Schnauss und Fritsch kamen der Aufforderung umgehend nach; der erste war für die Hinrichtung der Delinquentin; der andere, Fritsch, Vorsitzender des Conseils, unterstützte Carl Augusts reformatorische Ansichten und plädierte dagegen. Damit hatte Goethe die Rolle des Züngleins an der Waage zu übernehmen, und so erklärte er, die vollkommen unterschiedlichen Meinungen seiner Kollegen gänzlich missachtend: ‚Da das Resultat meines unterthänigst eingereichten Aufsatzes mit beyden vorliegenden gründlichen Voti völlig übereinstimmt, so kann ich um so weniger zweifeln selbigen in allen Stücken beyzutreten, und zu erklären dass auch nach meiner

Meinung räthlicher seyn mögte die Todesstrafe beyzubehalten.' Noch am gleichen Tag setzte der Herzog seine Unterschrift unter das Urteil. Am achtundzwanzigsten elften wurde Anna Catharina enthauptet und damit vom Leben in den Tod gebracht. Es geschah an der Stelle, die heute Goetheplatz heißt.“ (1)

Von diesem Fund hat sich die Goethe-Forschung bis heute nicht erholt. Entweder ignoriert sie ihn vollständig, erwähnt ihn mit einem Satz, wechselt kommentarlos das Thema oder bleibt fassungslos (“Wie lebt man damit?” fragt Biographin Sigrid Damm). Jedenfalls fehlt meist eine Durchsuchung des Werkes nach Stellungnahme des Schreibtischtäters Goethe. Dabei liefert das Kerker-Finale in “Faust I“, wenn Gretchen die Flucht vor dem Henker ablehnt, Mephisto sie als “verloren” abutut, aber eine “Stimme von oben” mit “Ist gerettet” widerspricht, eine zynische Apologie des Todesurteils. Durch Gretchens Tod wird ihre Seele gerettet - sagt Gott! Und rechtfertigt damit auch Goethes Tötung von Anna Catharina Höhn. Das war “Seelenrettung”. Mit “Faust I” hat Goethe seinem Todesurteil ein literarisches Denkmal gesetzt.

Da Goethe-Biographen auch kein Interesse zeigen, den Vernichtungswunsch gegen Anna Catharina Höhn aus biographischem Background zu erklären, sei hier ein Versuch unternommen: Als Motiv läßt sich ein Rachewunsch vermuten, aus persönlicher Identifikation mit ihrem (angeblich) getöteten Kind. Als Teenager verliebte Goethe sich nämlich “unstandesgemäß” in die drei Jahre ältere Anna Katharina Schönkopf. Man beachte: In Bezug auf Alter, den beiden Vornamen und den gesellschaftlichen Stand (Unterschicht) ist sie mit Anna Catharina Höhn identisch! Als Goethes Familie einschritt, gab Anna Katharina Schönkopf ihrem jungen Verehrer den Laufpass. Gegenüber seinen Angehörigen erklärte sie: Als Mann habe der Jungpoet sie nicht interessiert. Vielmehr sei er ihr wie ein Kind erschienen. Goethe als weggeworfenes Kind! Todesassoziationen kamen auf, er sprach vom “Grab der Liebe”. Im Urteil gegen Anna Catharina Höhn hat der 38jährige Goethe an einem “Double” seines Ex-

Schwarmes Anna Katharina Schönlopf Vergeltung geübt. Hat er eigene und gesellschaftliche Rache miteinander vermischt.

c) Und wer dem Nichts ins Aug' gesehn, wird traurig und will sterben gehn.

Als Michael Reeves 25jährig an einer Überdosis Tabletten starb, endete auch die langjährige Depression des Regisseurs. Freunde und andere Ahnungslose glaubten, seine Arbeit an "The Wichtfinder General" (1966) über den historischen Hexenjäger Matthew Hopkins habe ihn zerstört. Beim Schreiben des Drehbuchs sei er zu tief in dessen finstere Persönlichkeit eingedrungen. Wieder mal verwechselt man Ursache und Wirkung. Die Angst vor totaler Macht über Leben und Tod, war bereits Thema in Reeves "The Sorcerers" (1964). Ein Übermaß an Sensibilität erzwang sich Ausdruck. In "The Sorcerers" hypnotisieren Professor Monserrat und seine Frau einen jungen Mann, der nun in beider Auftrag Morde ausführt, als Marionette ihres Machtwillens fungiert. "The Witchfinder General" (1968) zeichnet Hexenjäger Hopkins ähnlich wie Sergio Corbucci den eisigen Kopfgeldjäger Loco in "Il grande silenzio" (1968): Beide nutzen staatliches Recht zur Befriedigung ihrer Gier: durch Kopfprämien oder prozentuellem Anteil am beschlagnahmten Vermögen der "Hexe". Hopkins Folterknecht hingegen nennt unverhohlen sadistischen Spaß als Motivation. Dass der Hexenjäger den schrecklichen Exekutionen beiwohnt, die Panik, den Schmerz und schließlich den Tod seiner Opfer ungerührt erlebt, ohne zu zaudern, das macht ihn zum Dämon, zum Totengott. Aus seinem brutalen Gesichtsausdruck schimmert das Nichts. Das Geheimnis des Henkers führt in finsterste Metaphysik, über die keine psychologische Kausalerklärung mehr beruhigt. Michael Reeves und Hopkins-Darsteller Vincent Price machten sie sicht- und spürbar.

(1) aus: Christoph Braendle, Sonntagsbeilage der Neuen Zürcher Zeitung vom 5./6. Dezember 1998

Graf Dracula – ein Intendant für Artauds „Theater der Grausamkeit“?

Einst wurden die Bewohner der „Katzeninsel“ durch furchtbare Stürme ausgelöscht. Ein Friedhof erinnert an die Opfer. Gepflegt von einem geheimnisvollen Alten und seiner Enkelin Luna, die letzten Bewohner der wild vegetierenden Insel. Bis eines Tages ein Unternehmer, John Wilson, sie kauft und via Schiff aufsucht, dort Vermessungen vornimmt: Vorarbeit für ein geplantes Luxushotel. Bäume und Friedhof sollen weg, die Anlage braucht Platz: Gentrifizierung reduziert das Leben auf Gegenwart und Zukunft. Zeitloses (Natur) und Vergangenheit (Friedhof) müssen weichen. Deshalb bedeutet hemmungsloses „Modernisieren“ immer Halbierung der Existenz. Aber Wilson erfährt Widerstand: Von der geheimnisvollen Luna, die – ähnlich den Vampiren – nicht auf Fotofilm zu bannen ist, sich medialer Bemächtigung widersetzt. Stattdessen dringt Luna in die feuchten Träume von Fiona, Wilsons gekaufter Freundin. Wie die rätselhafte Sandra Knight in Cormans “The Terror” (1963) den verirrten Jack Nicholson am Strand verführt, lockt Luna den Kapitän des Schiffes, Larry O’Hara, ins nächtliche Meer, liebt ihn im Wasser, während die Toten aus den Gräbern steigen. Zombies, unter dem Willen einer schwarzen Katze... Das erzählt der Horror-Erotik-Kracher “Le Notti erotiche dei morti viventi“ (1980). Ein “untoter Film“, der einfach nicht in dem Grab ruhen will, in das spießige Kritiker ihn einst verscharren wollten. Regisseur Joe D'Amato gehörte neben Jess Franco, Amando d'Ossori und Leon Klimovsky zu jenen, die das Horrorkino nach Südeuropa transportierten, den Schrecken unter sengender Sonne zelebrierten. Natürlich ist “Le Notti erotiche dei morti viventi” ein Exploitation-Film, der auf der damaligen Zombiewelle surft. Aber er gibt dem Genre eine originelle Wendung: Symbolisierten George A. Romeros “Living Dead” die Untoten des Konsumzeitalters (überdeutlich in “Dawn of the Dead”, dt. Titel: Zombies im Kaufhaus, 1978), so stellen sich D'Amatos lebende Leichen der Ausbeutung ihrer Insel entgegen. Auch ihre Erscheinung distanziert sich vom City-Outfit und dem ziellosem Blick der US-Vorbilder. “Le Notti erotiche dei morti viventi” hüllt sie in traditionelle Gewänder, ihr Körper wirkt ausgezehrt (erinnert an die Darstellung der Lepra-Kranken in Monumentalfilmen. So sind sie in doppelter Hinsicht “Die Verdammten dieser Erde”) und ihr Blick zielstrebig. D'Amato kontrastiert ihre zerfallene Körperlichkeit mit dem lebendigen, schönen Körper seines Stars Laura Gemser (Luna), assoziiert das Insel-Geschehen mit traditionellem Totentanz. Schlußpointe: Gentrifizierer Wilson ist selbst zum Zombie geworden. Er hat das politische Lager gewechselt... Mögen D'Amatos Filme unter absurden Dialogen und schlechter Schauspielführung leiden: immer wieder findet die Kamera Bilder von eigenwilliger Schönheit, führt die Handlung zu bizarren Pointen.

Ähnlich verhält es sich mit Alan Gibsons “The Satanic Rites of Dracula” (1973), mit dem die britische Hammer-Films ihre “Dracula”-Serie beendete. Der Fürst der Vampire wird in die Gegenwart transportiert, agiert unter der Maske des Industriellen D. D. Denham, der die Menschheit mit einem genmanipulierten Pest-Bazillus auslöschen will. Dracula auf dem Chef-Sessel eines Gen-Konzerns!... Das hemmungslose Mixen von Horror-Mythen mit aktueller Politik durch B-Movie Regisseure wie Gibson und D'Amato erweitert das Ästhetik- & Interpretations-Spektrum derart radikal, wie es sonst nur Godard hinkriegt. Wenn Dracula die globale Pest-Epidemie plant, verwandelt er die Welt in eine Artaud-Bühne, spielt er sein eigenes “Theater der Grausamkeit”. Hat der französische Dichter Antonin Artaud das Theater, das Schauspiel doch mit einer Pest-Epidemie verglichen. Und tatsächlich präsentiert das Finale einen Schock, den Artaud gemocht hätte: Van Helsing lockt Dracula ins Dornengestrüpp. Als der sich verfängt, rammt ihm der Vampirjäger den Pfahl durchs Herz. Dracula liegt am Boden, mit ausgestreckten Armen. In seinem Haar haben sich Dornenäste verfangen. Der Gekreuzigte mit der Dornenkrone. Dracula als Christus. Der Untote leidet und stirbt für die Sünden der Menschheit. Wann wird ein A-Film eine solche Grenzüberschreitung wagen? (1) vergl. “‚Man Eater' - Ein Prequel zur Odyssee” und “Gordard ‚meats' Man Eater: Vorschlag für ein Double Feature”

Das Geheimnis der Indianerin

Hauptperson in Ernest Hemmingways "The Torrents of Spring" (1926) ist der Tagelöhner Yogi. Der wandert von Ort zu Ort, von Paris bis in die tiefsten Wälder der USA. Dort sitzt er nachts, im kältesten Schnee, in einer Bohnenstube mit anderen Gästen. Man redet, man quatscht, aber er will nicht mehr. Denkt nur noch ans Sterben. Will heute Abend Schluß machen. Plötzlich geht die Tür auf: Eine splitternackte Indianerin tritt ein, auf dem Rücken ein Baby. Panik unter Wirt und Gästen. Die Squaw wird augenblicklich rausgeschmissen. Sie wohne irgendwo im Wald, orakelt man. Der frustrierte Yogi ist wie gewandelt, seine Depression wie weggeweht. Er bereut seine Selbstmordabsicht, Ekstase überkommt ihn. Er steht auf, eilt zur Tür und folgt der Indianerin schweigend in den Wald. Und während er ihr nachgeht, wirft er Stück für Stück seine Kleidung ab. Findet Yogi (wie sein Name andeutet) zur Erleuchtung? Da sind Zweifel angesagt. Denn zwei Indianer schleichen hinterher, sammeln die Klamotten auf, und einer kichert: Dem Typen wird noch ganz schön kalt werden...

Es scheint, als hätte Knut Hamsun mit seinem zehn Jahre später publizierten Roman "Der Ring schließt sich" (1936) eine erschreckende Fortsetzung der Hemmingway-Novelle verfasst. Yogi, mit dessen Ausbruch aus zivilisatorischen Gefilden die "The Torrents of Spring" endete, kehrt als Abel zurück. Hemmingway begann seine Laufbahn mit der "Torrents"- Novelle, Hamsuns "Der Ring schließt sich" (1936) hingegen war dessen letzter Roman.

Jahrelang hatte der Weltenbummler Abel in kanadischen Wäldern mit einer Indianerin gelebt. Nach ihrem Tod kehrt er in sein norwegisches Heimatdorf zurück. Aber er kann sich in das umtriebige Leben der Ortschaft nicht mehr einfinden. Sie bietet ihm keine Heimat mehr. Zudem sind materielle Güter ihm vollkommen gleichgültig geworden. Das verdrängte, ausgerottete, marginalisierte Volk der Indianer, repräsentiert durch die geheimnisvolle Indianerin, lockt den Zivilisationsmüden. Jene, die die Gegenwartskultur in ziellose Fluchten treibt. Wer die Indianerin trifft, wird zum letzten Schritt befähigt: zum vollständigen Ausstieg.

Inzwischen, 80 Jahre später, müssen wir konstatieren: Die Squaw ist nicht gekommen. Oder wir haben sie nicht gefunden. Die Stadt-Indianer der Hippie-Bewegung oder die Spiritualität der Hopi und Castanedas sind gescheitert und verhallt. 2005 drehte Terrence Malick mit "New World", einer Pocahontas-Verfilmung, ein Requiem auf die rettende Indianerin. Der Held findet sie, kann aber nicht bei ihr bleiben. Sie folgt ihm in die westliche Welt, stirbt dort an einer Infektionskrankheit. Oder an gebrochenem Herzen.

Leslie Fiedler schrieb über "Die Rückkehr des verschwundenen Amerikaners" (1968), solange "der Westen als Westen fortdauert, will der Western geschrieben werden." Und gefilmt. Im Western findet ein Dialog mit jenen statt, die verschwunden sind, die zur Projektionsfläche romantischer Sehnsucht wurden. Fiedler forderte: "Sofern Amerika in der Zukunft einen Mythos haben soll, wird es die unseren Schriftstellern auferlegte Aufgabe sein (…) mit den im Wahnsinn Lebenden in einen Dialog einzutreten." Die Wahnsinnigen als Nachfolger der ausgerotteten Indianer? Der Wald als das Revier des "wilden Denkens" (Claude Levi-Strauss)? Heute, 44 Jahre später, muß man konstatieren: Dieser Dialog hat nicht stattgefunden.

Immerhin eine Horror-Film-Reihe der 1980er Jahre führte einen Dialog mit der finsteren Seite des Westerns, der Okkupation und Ausrottung der Indianer. Gegen den Willen der Indianer wurde in "Amytiville Horror" (1980) ein Haus auf einem ihrer Indianerfriedhöfe errichtet. Das Bauwerk wendete sich in jeder Folge gegen seine Einwohner, verwandelte sie in mordende Monster.

So steht die Erkenntnis: Das Erlösungs-Phantasie um die Indianerin ist unerreichbar, das "wilde Denken" bleibt für alle Zeiten marginal und vergangene Schuld untherapierbar. Was für Filme, was für Bücher, welche "Western" wird der Mensch künftig brauchen, um mit dieser Einsicht leben zu können?

Charles Dickens 200. Geburtstag, „Penny Dreadful“ & Stroheims „Greed“

Am 07. Februar 2012 steht der 200. Geburtstag des englische Bestsellerautors und Klassikers Charles Dickens vor der Tür. Feuilletonisten werden mit Gratulationen um sich ballern, auf neue Übersetzungen und Biographien weisen sowie zur Relektüre mahnen. Den Startschuss gab die aktuelle Ausgabe der “Zeit”. Darin will Autorin Ursula März die avantgardistische Note des populären Gesellschaftsromanciers würdigen.

In seiner Zeitgenossenschaft zu E.A. Poe, als Antizipation Kafkas müsse man ihn entdecken, von seiner Anwendung surrealer Schockeffekte sprechen, mit denen Dickens auf Ungerechtigkeit und Armut hinwies. Auf jenes Elend, das er als Kind selbst erleben musste.

Dass solche Rehabilitierung bei dem Autor von “Oliver Twist”, “David Copperfield” oder der “Weihnachtserzählungen” nicht ganz leicht ist, weiß die Autorin selbst: allzusehr lasten Assoziationen zur “pädagogisch wertvollen” Jugendlektüre. - Um ihn aus diesem Giftschrank rauszuholen, ist es (vielleicht) hilfreich, Schlaglichter seiner Wirkungsgeschichte aufzuzeigen. Zu erwähnen, wer durch ihn Inspiration fand. Lange bevor die englische Rockgruppe “Uriah Heep” den Namen des monströsen Protagonisten aus “David Copperfield” übernahm.

Dickens erreichte das Großpublikum via Fortsetzungsroman. Einer Verbreitungsform, die aus der – damals neuartigen – Zeitungsindustrie hervorging. Da übliche Buchausgaben für die arbeitende Bevölkerung viel zu teuer waren, publizierte man populäre Romane als Fortsetzungsheftchen, die pro Wochenexemplar nur wenige Penny kosteten. Besondere Beliebtheit erlangte um 1840 die “Penny dreadful”-Reihe des Londoner Zeitungsverlegers Edward Lloyd. Die Bezeichnung “Dreadful” verdanken die Heftchen ihren reisserischen, makaberen Inhalten. Klassische Vorlagen wie Eugene Sue oder eben Charles Dickens wurden gnadenlos geplündert, mit Sex und Crime aufgeladen und als knalliger Pulp auf den Markt geschmissen. Atemloser Trash für Arbeiter und

Dienstmädchen. Besonders heftig ging der Komponist, Musiker, Journalist und "Penny Dreadful"-Autor Thomas Peckett Prest (1810-1859) zur Sache. Der galt neben James Malcolm Rymer als profiliertester Autor der Factory, wurde zeitweilig als Verfasser von "Varney the Vampire or the Feast of Blood" (1847) gehandelt, und ist als Co-Autor des ersten Sweeney Todd-Romans, "A String of Pearls" (1847) weiterhin wahrscheinlich.

Prest machte nicht einmal vor Anspielungen auf Original-Titel halt: Dickens "Oliver Twist" wurde bei Prest zu "The Life and Adventures of Oliver Twiss, Workhouse Boy" (1841) und "David Copperfield" mutierte zu "David Copperful" und aus "Nicholas Nickleby" wurde "Nickelas Nicklebery". Damit nicht genug, kopierte Prest sogar Dickens Kürzel, zeichnete die Texte mit "Bos" anstelle des originalen "Boz". Schließlich wurde es Dickens zuviel: er ließ dieses literarische Mockbustertum gerichtlich untersagen. Aus seiner Perspektive nachvollziehbar. Aber heute, 150 Jahre später, nachdem Prest mit Sweeney Todd seinerseits Literaturgeschichte schrieb, muss man sagen: Wohl dem, der von solchen Leuten beklaut wird!

Ein großer Dickens-Fan, der selbst die Kränze der Hochkultur errungen hat, ist der Filmregisseur Erich von Stroheim. In Werken wie "Greed" (1924) tauchte er seine Kamera so tief in die Gossen des Elends, wie Dickens zuvor seine Feder. Stroheim intendierte weitestgehenden Realismus und Authentizität durch Drehen an Originalschauplätzen, dazu minutiöse Schilderung psychologischer Entwicklung. Während Dickens dazu hunderte von Seiten aufwandte, belichtete Stroheim unzählige Filmrollen: "Greed" hatte eine Originallaufzeit von über zehn Stunden. Auch darin die surrealen Schockeffekte, die plötzliche Verfremdung, den psycho-sozialen Zusammenbruch der Protagonisten ins Unerträgliche steigernd. "Greed" ging dem damaligen Publikum definitiv zu weit. Dabei bot seine Bildsprache "nur" ein Extrakt von dem, was bei Dickens bereits angelegt war.

Andy Warhol auf der Zeitflucht

Berlin, im Herbst 1799: Der Philosoph Johann Gottlieb Fichte grübelt über die Frage der menschlichen Freiheit: Wie kann das Individuum in seinem Willen frei sein, wenn es von der Außenwelt abhängig ist? Zumal alle Naturbeobachtung lehrt, daß es keine Wirkung ohne Ursache gibt. Wenn aber das Kausalgesetz regiert, kann es keine Freiheit geben. Dann läßt sich jede Entscheidung oder Handlung auf einen Auslöser zurückführen.

Eine solche Determinierung schien dem Moralphilosophen Fichte jedoch inakzeptabel. Schließlich kam er zu der Lösung: Die Welt außerhalb des Ichs kann mich nicht determinieren, weil sie gar nicht existiert! Sie besteht nur aus Anschauungen, aus Bildern, die mein Ich selbst hervorbringt.

Wir leben also in einer eigenproduzierten Schein- und Bilderwelt. Jedes Ich erzeugt sich eine "Matrix". – So weit, so metaphysisch. Aber wer ist dieses imaginierende Ich? Schaut man genauer hin, läßt sich nämlich nicht sagen: „Ich denke", sondern nur: „es wird (in mir) gedacht". Wie die Außenwelt ist auch mein Innenleben – meine Gedanken, meine Emotionen – nur irreale Wahrnehmung: "Es erscheint der Gedanke: daß ich empfinde, denke, keineswegs aber: ich empfinde, schaue an, denke. Nur das erste ist Factum; das zweite hinzu erdichtet".

Lediglich ein Bild meiner mentalen Funktionen existiert, mein sogenanntes "Ich" ist Illusion. Alles erweist sich als Traum oder Bild: die (Außen-) Welt, aber auch mein eigenes Ich. Fichte verliert den Boden unter den Füßen, rutscht ängstlich hinab ins Nichts der Bilder. Die "sind das einzige, was da ist (...) Bilder, die vorüberschweben (...) ohne Bedeutung und Zweck". So verliert die Welt während der Freiheitssuche Substanz.

Es ist schon erstaunlich, daß dieser Denker heutzutage zum alten Eisen zählt, keiner Beschäftigung mehr wert scheint. Sind doch Theoretiker des Virtuellen wie Jean Baudrillard, der die Welt in medialer Bilderflut verschwinden sieht, knietief in seiner

Schuld. Wobei Fichte sogar noch weiter geht: Für ihn verschwindet die Welt nicht erst, sondern es hat sie nie gegeben.

Selbst der vielleicht radikalste Underground-Filmer, Andy Warhol, ist letztlich ein Epigone Fichtes. Während der deutsche Philosoph die "Realität" mittels Reflexion auslöschte, wählte Warhol die filmische Meditation. Vom Leben emotional überfordert, wollte der Popart-Künstler "eine Maschine sein". Deshalb liebte er "langweilige Dinge", weil deren Ödnis die Devitalisierung, die Reduktion auf Körper-Mechanik vorantrieb. Dieses Programm fand seinen Höhepunkt in Frühwerken wie "Empire" (1964), ein achtstündiger Blick auf das legendäre Empire State Building – aus einer einzigen Perspektive gefilmt, ohne Zoom oder Kamerabewegung. Schon minutenlange Ausschnitte auf Warhol-Retrospektiven oder im Internet sind den meisten Zuschauern unerträglich.

Warhol aber diente das Frühwerk zur besagten Meditation: Er sah die Filme nachts in seiner New Yorker "Factory", auf weißes Tuch projiziert – unbeweglich hinter seiner Sonnenbrille sitzend, abgefüllt mit Beruhigungspillen. Einziges Lebenszeichen: das mechanische Zermahlen des Kaugummis. So versank er in das monotone Filmbild, das den Emotionen und Bewußtseinsströmen alle Nahrung entzog. Wie bei Fichte reduzierte sich die Welt auf ein (Ab-) Bild von Realität ... Schließlich hörte das Kaugummimahlen auf: Warhol war eingeschlafen, eingetaucht in eine Dimension, in der Ich und Bilder gleichermaßen verlöschen. Vielleicht ist Film ja doch "eine Art des Denkens", wie Gilles Deleuze einst spekulierte. Dann wäre Fichte ein Vordenker dieses Mediums.

Fruchtbarkeitsgöttin im Totenreich

Die Dichtung "Ishtars Gang in die Unterwelt" ist - in dieser Fassung - mindestens 2.700 Jahre alt. Ein Gedankenspiel an der Grenze der Existenz: Was geschieht, wenn das Ishtar, Göttin der Fruchtbarkeit, Symbol des Lebens, eine Reise ins Reich der Toten unternimmt?

Assoziationen zu Kafka kommen bei der Lektüre auf: Was wäre, wenn der Mann vor dem Gesetz die Warnung des Türhüters mißachtet und durch das Tor gegangen wäre? Ähnliches wie Ishtar? Batailles Metapher von der "Nacktheit im Tod": Hier findet sie frühe Illustration. Auch Bilder des modernen Horrorfilms wurden in dieser "Unterweltreise" antizipiert: Die Fruchtbarkeitsgöttin droht dem Türhüter mit einer Zombie-Invasion, bei der Tote auf die Erde zurückkehren und die Lebenden fressen. Man erinnert den Webeslogan für Romeros "Dawn of the Dead" (1978): "Wenn in der Hölle kein Platz mehr ist, kehren die Toten auf die Erde zurück" Überhaupt, wie filmisch das Ganze! Ishtars Gang durch die sieben Türen: Wie geschaffen für eine Parallelfahrt, die Peter Greenaway in "The Cook, the Thief, his Wife and her Lover" (1989) präsentierte: Nach jedem Durchschreiten einer Tür trägt Darstellerin Helen Mirren ein andersfarbiges Kleid. Und – wie später noch Homer wußte, erspürte man bereits im alten Babylon: Der Tod ist kein Freund, sondern er hasst uns! All das ist Grund genug, die englische Transkription des Originaltextes durch M. Jastrow (1915) neu zu übersetzen:

Ishtars Abstieg in die Unterwelt

Ins Land ohne Wiederkehr, ins Land der Finsternis,

Lenkte Ishtar, Tochter des Sin (Mond), ihre Gedanken,

Lenkte ihre Gedanken, Ishtar, die Tochter des Sin,

Zum Haus der Schatten, zur Stätte der Irkalla,

Zum Haus ohne Wiederkehr für jene, die es betreten,

Hin zur Straße, auf der es kein Wenden gibt,

Zum Haus ohne Licht für den, der darin einkehrt,

Dem Ort, wo Staub ihr Essen, Lehm ihre Nahrung ist.

Sie haben kein Licht, verweilen in der Dunkelheit.
Bekleidet wie Vögel, mit Flügeln als Kleidung,
Über Tür und Riegel hat der Staub sich gesammelt.
Bei der Ankunft an der Pforte des Landes ohne Wiederkehr,
wendet sich Ishtar an den Wächter der Pforte:
“Türhüter, los, öffne das Tor!
Öffne dein Tor, dass ich eintreten kann!
Wenn du‘s nicht tust, mich nicht eintreten läßt,
Werde ich die Tür aufbrechen, werde ich das Schloss zerstören,
Ich werde die Türpfosten zerschlagen, werde zertrümmern die Tür.
Ich bringe die Toten dahin, die Lebenden zu fressen.
Und die Toten werden die Lebenden an Zahl übertreffen.”
Der Pförtner öffnete seinen Mund und sprach,
Sprach zur großen Ishtar:
“Hört auf, O Herrin, zerstört sie nicht.
Ich will hingehen und dich meiner Königin Ereshkigal melden.”
Der Türhüter trat vor Ereshkigal und sprach:
“Ho! Hier ist deine Schwester Ishtar …
Die Feindin der Großmächte …
Als Ereshkigal das hörte,
Zitterte sie wie eine geschlagene Tamariske,
Schüttelte sie sich wie ein geschnittenes Schilfrohr:

“Was hat ihr Herz bewegt, was ihre Leber in Aufruhr gebracht?

Halt! Heißt das, sie will wohnen bei mir?

Um Lehm als Nahrung zu speisen, um Staub als Wein zu trinken?

Ich weine um Männer, die ihre Frauen verlassen mußten.

Ich weine um Frauen, aus der Umarmung ihres Mannes gerissen;

Um die Kleinen, abgeschnitten, bevor ihre Zeit begann.

Geh, Türhüter, öffne das Tor,

Behandele sie nach dem alten Gesetz. “

Der Pförtner ging und öffnete ihr das Tor:

“Tritt ein , o Herrin, Cuthah lässt dich grüßen.

Erfreue den Palast im Land ohne Wiederkehr mit deiner Gegenwart!”

Er bat sie, das erste Tor zu durchschreiten, das er weit geöffnet, und nahm ihr die große Krone vom Kopf:

“Warum, o Türhüter, nahmst du mir die große Krone vom Kopf?”

“Tritt ein, o Herrin, so ist das Gesetz der Ereshkigal.”

Er bat sie, das zweite Tor zu durchschreiten, das er weit geöffnet,

und nahm ihre Ohrringe ab:

“Warum, o Türhüter, nahmst du mir die Ohrringe fort?”

“Tritt ein, o Herrin, so ist das Gesetze der Ereshkigal.”

Er bat sie, das zweite Tor zu durchschreiten, das er weit geöffnet,

und entfernte ihren Halsschmuck:

“Warum, o Türhüter, nahmst du mir den Halsschmuck fort?”

“Tritt ein, o Herrin, so ist das Gesetz der Ereshkigal.”

Er bat sie, das vierte Tor zu durchschreiten, das er weit geöffnet,

und entfernte den Schmuck ihrer Brüste:

“Warum, o Türhüter, entfernst du den Schmuck meiner Brüste?”

“Tritt, o Herrin, so ist das Gesetz der Ereshkigal.”

Er bat sie, das fünfte Tor zu durchschreiten, das er weit geöffnet,

und löste den Gürtel ihres Körpers, mit Geburtssteinen besetzt.

“Warum, o Türhüter, löstest du den Gürtel meines Körpers, mit Geburtssteinen besetzt?”
“Tritt ein, o Herrin, so ist das Gesetz der Ereshkigal.”

Er bat sie, das sechste Tor zu durchschreiten, das er weit geöffnet,

und entfernte die Pailletten ihrer Hände und Füße.

“Warum, o Türhüter, nahmst du die Pailletten meiner Hände und Füße?”

“Tritt ein, o Herrin, so sind die Gesetze der Ereshkigal.”

Er bat sie, das siebte Tor zu durchschreiten, das er weit geöffnet,

und entfernte ihren Lendenschurz.

“Warum, o Türhüter, nahmst du meinen Lendenschurz?”

“Tritt ein, o Herrin, so sind die Gesetze der Ereshkigal.”

Nun, als Ishtar das Land ohne Wiederkehr betrat,

sah Ereshkigal sie und erzürnte über ihre Anwesenheit .

Ishtar, ohne Zögern, steigerte sich in Wut.

Ereshkigal öffnete den Mund und sprach,

Zu Namtar, ihrem Boten, wandte sie sich:

“Geh Namtar, sperr sie in meinen Palast.

Send‘ sechzig Krankheiten gegen sie, um Ishtar zu bestrafen.

Augenkrankheit gegen ihre Augen,

Erkrankung der Seite gegen ihre Seite,

Fußkrankheit gegen ihren Fuß,

Herzkrankheit gegen ihr Herz,

Kopfkrankheit gegen ihren Kopf,

Gegen ihr gesamtes Wesen, gegen ihren ganzen Körper. “

Nachdem die Herrin Ishtar ins Land ohne Wiederkehr gegangen war,

Bestieg der Stier nicht mehr die Kuh, der Esel besprang keine Eselin mehr,

Dem Mädchen auf der Straße näherte sich kein Mann,

Der Mann schlief in seiner Wohnung,

Das Mädchen schlief allein.

Die Geduld des Papsukal, der großen Götter Bote, war zuende, sein Gesicht schien hochbesorgt.

Gehüllt in Trauerkleidung, in beschmutzer Kleidung gewandet.

Schamasch [der Sonnengott] ging zu Sin [Mondgott], seinem Vater, weinend,

In Anwesenheit von Ea, der König, ging er mit fließenden Tränen.

“Ishtar stieg in die Erde hinab und kommt nicht zurück. Der Stier wird nicht die Kuh bespringen, der Esel nicht die Eselin.

Der Mann nähert sich nicht dem Mädchen auf der Straße,

Der Mann schläft in seiner Wohnung,

Das Mädchen schläft allein. “

Ea, in der Weisheit seines Herzens, schuf ein Wesen,

Er schuf Asu-shu-namir, den Eunuchen.

Geh, Asu-shu-namir, zum Land ohne Wiederkehr richte dein Anlitz!

Die sieben Tore des Landes ohne Wiederkehr werden dir geöffnet sein,

Möge Ereshkigal sich deines Anblicks erfreuen!

Nachdem ihr Herz sich besänftigt, ihre Leber zur Ruhe gefunden hat,

Schleudere ihr die Namen der großen Götter entgegen,

Erhebe deinen Kopf, richte dein Augenmerk auf das Wasser des Lebens.

“Komm, Herrin, lass sie mir das Wasser des Lebens reichen, auf dass ich es trinke.”

Als Ereshkigal das hörte, schlug sie sich in die Seite, biss auf die Finger,

Du hast einen Wunsch geäußert, der nicht zu erfüllen ist.

Geh, Asu-shu-namir, ich belege dich mit einem großen Fluch,

Der Kehricht städtischer Dachrinnen sei deine Nahrung,

Die Kanalisation der Stadt spende dir Trank,

Der Schatten der Mauer sei deine Wohnstätte,

Türschwellen sollen dir Obdach bieten,

Wange an Wange mit Säufern und Trunkenbolden.

Ereshkigal öffnete den Mund und sprach,

Zu Namtar, ihrem Boten, wandte sie sich.

“Geh, Namtar, klopfe am mächtigen Palast,

Steig über die Schwelle der kostbaren Steine

(...)

Bring die Anunnaki hinaus, setze sie auf goldene Throne.

Besprenge Ishtar mit den Wassern des Lebens und bring sie fort.”

Namtar ging, klopfte an den mächtigen Palast,

Stieg über die Schwelle von Edelsteinen.

Er holte die Anunnaki und setzte sie auf goldenen Throne,

Er besprengte Ishtar mit den Wassern des Lebens und nahm sie.

Durch das erste Tor führte er sie hinaus und gab ihr den Lendenschurz zurück.

Durch das zweite Tor führte er sie hinaus und gab ihr die Pailletten ihrer Hände und Füße zurück,

Durch das dritte Tor führte er sie hinaus und gab ihr den Gürtel ihres Körpers, gespickt mit Geburts-Steinen, zurück.

Durch das vierte Tor führte er sie hinaus und gab ihr den Schmuck ihrer Brüste zurück. Durch das fünfte Tor führte er sie hinaus und gab ihr die Halskette zurück. Durch das sechste Tor führte er sie hinaus und gab ihr die Ohrringe zurück. Durch das siebente Tor führte er sie hinaus und gab ihr die große Krone zurück.

(Die folgenden Zeilen sind als Ansprache verfasst, vielleicht für jemanden, der eine geliebte Person aus der Unterwelt zurückhaben wollte.)

“Wenn sie (Ishtar) dich nicht entlässt,

Für Tammuz, den Geliebten ihrer Jugend,

Gieße reines Wasser, gieße feines Öl;

Hüll‘ ihn in festliche Kleidung, auf dass er die Flöte aus Lapislazuli spiele,

Und die Verehrer seinen Geist bejubeln.”

Belili [Schwester des Tammuz] hatte den Schatz gesammelt,

mit kostbaren Steinen den Busen geschmückt.

Als Belili die Klage ihres Bruders hörte, ließ sie ihren Schatz fallen,

Warf die Edelsteine vor sich hin,

“Oh, mein einziger Bruder, lass mich nicht sterben!

An dem Tag, wo Tammuz für mich auf der Flöte aus Lapislazuli spielt, spielt es für mich mit dem Porphyr-Ring.

Gemeinsam mit ihm, spielt ihr für mich, ihr Weinenden und Klageweiber! Dass die Toten sich erheben und den Weihrauch atmen. "

Der gnostische Sturz

Dass James Cameron kein Geschichtenerzähler ist, hat er mit Werken wie “Piranha 2” (1978), “Alien 2” (1986), “Titanic” (1996) und “Avatar” (2010) ausreichend bewiesen. Dem Publikum war das egal, schließlich bot er unterhaltsames Spektakel. Allerdings gelang ihm in „Avatar“ die perfekte Darstellung eines “Archetypen“, das Bild eines Ur-Sturzes.

Mit 3D-Technik machte Cameron ein Zentralmotiv des Christentums, der Gnosis und anderer Menschheitsmythen maximal erfahrbar: dass alles Leben immer schon gefallen ist, einen metaphysischen Ur-Fall hinter sich hat. Der sich stets wiederholt, in individuellen und kollektiven Alpträumen. Wenn die Leere der Existenz sich derart verdeutlicht, dass einem davor schwindelt. In Momenten sinnloser Destruktivität beispielsweise:

Wenn die Menschheit in "Avatar" einen fremden Planeten zerstört, stürzt die Kamera – und mit ihr der Zuschauer – in gähnende Schluchten, vorbei an krachenden Ästen, der umbarmherzigen Schwerkraft ausgeliefert.

Der Zuschauer wiederholt ein menschliches Urtrauma in 3D. Mag die Story noch so kitschig sein, diese Augenblicke bleiben haften, und die mit ihnen verknüpfte gnostische Erkenntnis.

Der Genozidforscher Arthur Grenke hat die Völkermorde – bei allen unterschiedlichen Motivationen – auf den Gnosis-Dualismus von Hell und Dunkel zurückgeführt: Der Schrecken der Existenz wird relativiert und auf eine – mit dem „Finsteren" assoziierte – Menschengruppe projiziert. Deren Auslöschung soll das hoffnungslos gefallene Leben verbessern, die Tür zum Paradies mit Gewalt auftreten. Hier den Vorhang hochzuziehen, die abgrundtiefe Leere hinter dem Zerstörungswerk zu „belichten", das ist womöglich die bleibende Leistung in Camerons Gesamtwerk. Und vielleicht die einzige der aktuellen 3D-Welle, die in den USA schon wieder abflaut. So lief es jedesmal: 1982 – 84 und 1953 – 56. Alle dreißig Jahre, wenn dem Kino das Aus droht, ködert man die Zuschauer mit 3D – und erhöht gleichzeitig die Eintrittspreise. Das Publikum läßt sich das ein, zwei Filme lang bieten und verschwindet wieder. So wie jetzt. Rückblickend haben die 3D-Wellen nur wenige Filme produziert, die nicht bloß Effekte haschten, sondern ihre Plastizität dramaturgisch nutzten.

Dazu gehört auch Hitchcocks "Dial M for Murder" (1954). In zweidimensionaler Farbversion kennt ihn jeder, aber in 3D erlebt man ihn neu. Lange vor Cameron bot Hitchcock bereits mit "Vertigo" (1958) einen spektakulären Blick in (menschliche) Untiefen: James Stewart, in emotionaler Zerreißprobe, schaut vom Hausdach in den Abgrund. Die subjektive Kamera simuliert seinen Sturz, indem sie zurückfährt und gleichzeitig in die Tiefe zoomt. Schwindel und drohender Fall werden für den Zuschauer unmittelbar erlebbar.

Auch in “Dial M for Murder” gibt es solch symbolischen Fall ins Nichts, der alle Mittel des 3D-Verfahrens ausschöpft: Margot (Grace Kelly) steht unschuldig wegen Mordes vor Gericht. Die Kamera fixiert ihr verängstigtes Gesicht, auf der Tonspur dröhnen die Anschuldigungen des Staatsanwalts. Hinter ihr hat sich der Raum zum puren Farb- und Schattenspiel verflüchtigt. Sie steht verlassen in grenzenloser Leere. Dann zeigt die Kamera aus ihrer (Frosch-) Perspektive den Richter, dunkel und dämonisch. Auch er sitzt in einem endlos leeren Raum. Unbarmherzig donnert er das Todesurteil, und die drauffolgende Abblende wirkt wie Margots Sturz ins ewige Dunkel. Über die Kritik an juristischer Grausamkeit hinaus vermittelt Hitchcock eine furchtbare Wahrheit: Jeder Einzelne, im Nichts der Welt, ist zum Tode verurteilt. Trotz des Happy-Ends (Margot wird gerettet) stellt sich keine Ruhe mehr ein. Die Gerichtsmetapher reicht schließlich weit über ihren Fall hinaus.

IV. REGISSEURE

Howard W. Hawks: Universum der Kreuze und ungehörter Schreie

Nein, Howard W(inchester) Hawks hat in seiner Karriere keinen wirklichen Horrorfilm gedreht. Dennoch gelang ihm in zwei Werken ein nahezu perfekter Ausdruck des Grauens:

Sein Gangsterklassiker "Scarface" (1932), der die Intrigen des Borgia-Clans mit Al Capones Bandenkriegen assoziiert und ins Prohibitions-Chicago verlegte – dieser Film suggeriert ein Universum der Kreuze. Durch das "x"-förmige Andreas-Kreuz als verstecktem Todessymbol, das alle Handlungsräume metaphysisch miteinander vernetzt. Plötzlich leuchtet eins in der Neonreklame auf, isoliert die Kameraeinstellung es aus der Dachbalkenformation, verweist es als lateinische Zimmernummer "Zehn" (X) auf den Schauplatz künftiger Tragödien, usw. Als ob der Tod seine Opfer symbolisch "durchkreuzt", wegstreicht.

Es ist kaum Zufall, dass Boris Karloff - damals als Horrorstar auf dem Gipfel seines Ruhms – hier den Gangsterchef Gaffney spielt. Ein bedrohlicher Riese, dessen Gesicht jedoch, als er seine erschossene Gang in der Garage findet, den Ausdruck schlimmster Erschütterung zeigt. Gaffney spürt in diesem Moment, dass auch er verloren ist. Wenige Szenen später wird er erschossen.

Dieses Netzwerk tödlicher Kreuze erinnert an die Weisheit des antiken Manichäismus, wonach Christus in der Natur gekreuzigt sei: die Natur als großes Kreuz aller Lebewesen. Auch durch Asphaltierung der Metropolen läßt sich das nicht verdrängen. Überall bricht es durch, als Dekoration pechschwarzer Tragödien. Sogar im Balkongelände, hinter dem Cesca (Ann Dvorak) – im Stil von Shakespeares Julia – Blickkontakt mit ihrem künftigen Lover aufnimmt, kreuzen sich die Eisenstangen des Geländers. Ganz gleich, was der Mensch tut: der Tod ist überall.

Was die damalige Zensur aus dieser „Blutoper“ (B. Schulz, A. Heinzlmeier, J. Menningen) alles entfernt hat, lassen solche Szenen nur ahnen...

Auch der von Hawks produzierte “The Thing” (1951) enthält einen exzellenten Moment metaphysischen Grauens: Wenn der Stations-Arzt die außerirdischen Pflanzen mit dem Stetoskop abhört, und dann erzählt, er habe ein Schreien gehört, wie das eines Kindes... Der ungehörten Qualen der Pflanzen. Schreit vielleicht die ganze Biosphäre – nur unhörbar für das menschliche Ohr?

Leidenschaft der Sinne und letzte Dinge - Notiz zum 80. Geburtstag von Nagisa Oshima

1970: Der japanische Filmregisseur Nagisa Oshima schrieb nachts angetrunken den Nachruf auf einen verstorbenen Freund, den Schriftsteller Yukio Mishima. Der starb, “nachdem er auf seine Art alles, absolut alles zuende gebracht hatte.” (Oshima) Mishimas Ambition zur Wiedererrichtung japanischer Monarchie war zuvor gescheitert, worauf er dem Projekt mit öffentlichem Harakiri einen blutigen Schlusspunkt setzte.

Fünf Jahre später drehte Oshima “Ai no corrida” (dt. Titel: Im Reich der Sinne. Wörtlich übersetzt: “Corrida (Stierkampf) der Liebe”, 1975). Eine Frau, besessen vom Geschlechtsrausch, treibt ihn bis zur Kastration des Partners. Wieder eine Dynamik, ein Exzess, der in tödlicher Zerschneidung des Körpers endet. Eros und Monarchie sind da austauschbar. Beide düster-absolut, enden im tödlichen Scheitern. Und: Oshima zeigt darin schöne Körper – ganz wie es Mishima sich von ihm gewünscht hatte. “Ai no corrida”, ein filmisches Grabmal für den rasenden Schriftsteller?

Aber ist physisches Erlöschen wirklich das endgültige Finale? Das fragte sich Oshima drei Jahre später in “Ai no bōrei” (dt. Titel: Im Reich der Leidenschaften. Wörtlich übersetzt jedoch: “Totengeist der Liebe”, 1978): Die Liebesbesessenheit eines Paares treibt es zum Mord am Ehemann der Frau. Aber dessen Geist kehrt zurück: Sitzt er auf dem Kutschbock, schaut über den Abgrund eines ausgetrockneten Brunnens (in dem sein

Leichnam liegt). Das verfolgte Paar scheitert schließlich. – Dieses Drama um einen Rachegeist, eine asiatische Version von "The Postman alway rings twice", ist Oshimas einziger Horrorfilm und wird als solcher selten erkannt. Dabei gehören Filme, die sich ernsthaft um sog. "letzte Dinge" drehen, meist zum Horror-Genre - und umgekehrt. Denn zu stark ist solches Urfragen mit Zweifel, also auch Angst und Panik besetzt.

Vampirische Theologie bei Daniel Paul P. Schreber und Jean Rollin

Wer den Namen Schreber hört, denkt an grausame Gärten und deren schreckliche Besitzer. Ihr Erfinder war der Orthopäde und Pädagoge Dr. Daniel Gottlieb Moritz Schreber (1808-1868), der durch Sachbücher über Zimmergymnastik im 19. Jahrhundert zu Bestseller-Ruhm gelangte. Schreber empfahl auch das Fesseln und Anbinden von Kindern an Stühlen, um "gerades" Wachstum zu fördern, und ersann allerlei Foltermaßnahmen zur Masturbationsbekämpfung. Ob Menschen oder Gärten: Einengen, Brechen, Sortieren lautete die Devise. Egal, ob Knochen oder Stengel. Wundert es da, dass sein Sohn, der spätere Jurist Daniel Paul Schreber (1842-1911), zum Paranoiker mutierte? Sein Bruder starb durch Selbstmord... Durch eine Studie Sigmund Freuds ist Daniel Paul Schreber allenfalls für Fachleute noch ein Begriff. Sein Werk "Denkwürdigkeiten eines Nervenkranken" (1903) wird nicht – wie verdient – als philosophisch-metaphysische Kosmologie gelesen, sondern als pathologisches Dokument. Erkenntnisinteresse: Wie denkt ein Paranoiker?

In Schrebers Metaphysik garantiert Gott die individuelle Unsterblichkeit: "Ein regelmäßiger Verkehr Gottes mit Menschenseelen fand nach der Weltordnung erst nach dem Tod statt. Den Leichen konnte sich Gott ohne Gefahr nähern, um ihre Nerven, in denen das Selbstbewußtsein nicht erloschen war, sondern nur ruhte, vermittelst der Strahlkraft aus dem Körper heraus- und zu sich hinaufzuziehen und sie damit zu neuem himmlischen Leben zu erwecken; das Selbstbewußtsein kehrte mit der Strahleneinwirkung zurück. Das neue jenseitige Leben ist die Seligkeit, zu der die

Menschenseele erhoben werden kann." Mittels der Himmelsstrahlen saugt Gott das Seelenfluidum aus den Nerven des Toten, zieht sie so hinauf in die Seligkeit. Seelenverlust durch Aussaugen ist keine Okkupation, sondern Überführung in ewige Himmelswonne. Ersetzen wir das gesaugte Seelenfluidum durch Blut – lange Zeit als Sitz der Seele vermutet – , dann sind wir in der Vampirmythologie. Nur, hier wird die Seele nicht in ätherische Himmel, sondern in den finsteren Leib eines Untoten integriert. Das Resultat ist gegenteilig: Verdammnis statt Glück.

Erst der französische Film-Regisseur Jean Rollin (1938-2010) deutete in "La Fiancée de Dracula" (2000) den vampirischen Saug-Akt im Sinne Schrebers. Bereits als Kind persönlich mit George Bataille bekannt, schürfte Rollin wie kein Zweiter nach dem erotischen Potential der Vampirmythologie. Eine Suche, die in "La Fiancée de Dracula" (2000) ihren Höhepunkt fand: Der kleinwüchsige Triboulet (Thomas Smith) eilt um Mitternacht zum Friedhof, wenn seine Liebste, die wunderschöne nackte Vampirin (Sandrine Thoquet) ihrem Sarg entsteigt. Sogleich bietet er ihr den Hals. Genießt es, dass sie sich an ihm satttrinkt. Abgesehen vom visuellen Genuß ihrer körperlichen Schönheit – was erlebt Triboulet in diesem Moment? Antwort: Seine Seele (symbolisiert durch Blut) verlässt den sterblichen, durch Kleinwuchs behinderten Körper, geht über in den schönen Leib der Untoten. D.h. die Seele wechselt durchs Aussaugen vom sterblich-unschönen Körper in einen unsterblich-schönen Leib. Schreber, dessen Physis der Vater einst „pädagogisch" traktierte, auch seine Seele schwindet durch göttliches Seelen-Saugen in die Sphäre der ewigen Glückes. Triboulet und Schreber unterziehen sich der gleichen Therapie!

Wenn die Vampirin zuletzt, festgebunden am Gelände eines Schiffsdecks, von der Sonne zerstört wird, bringt Triboulet sich um. Er hat auch keine Wahl. S e i n e Ewigkeit ist mir ihr gestorben.

Luchino Viscontis "L'Innocente" – Das Kamera-Objektiv als Wespenauge

Innerhalb von vier Monaten starben Italiens Regisseure Pier Paolo Pasolini (am 02. November 1975) und Luchino Visconti (am 17. März 1976). Der eine von Unbekannten ermordet, der andere erlag einem Schlaganfall, einer Trombose sowie einem Unfall. Beide erlebten nicht mehr die Premieren ihrer letzten Filme: "Salò o le 120 giornate di Sodoma" und "L'Innocente" (dt. Titel: Die Unschuld. Wörtlich aber: "Der Unschuldige").

Zwar verstarb Pasolini überraschend während Visconti im schrecklichen Vorwissen seinen Schwanengesang im Rollstuhl inszenierte, dennoch sind beides Filme des Abschieds. Unvorstellbar, ihre Radikalität noch zu steigern, allenfalls durch ein Satyrspiel, eine Komödie die Richtung zu wechseln.

Beide zeigen in brutalster Konsequenz: Die restlose Befreiung (Enthemmung) des Menschen führt nicht ins Paradies, sondern ins Nichts, ins Verbrechen, in den emotionalen Tod. Seien es die vier Staatsbeamten aus "Salò o le 120 giornate di Sodoma" oder der Graf Tullio Hermil aus "L'Innocente": Was dem einen sein Sade ist dem anderen sein D'Annunzio.

Erreichten Viscontis opernhafte Ausstattungsfilme wie "Morte a Venezia " (1970) und "Gruppo di famiglia in un interno" (1974) die Involvierung des Zuschauers durch Gustav Mahler-Soundtrack und dem Spiel Burt Lancasters so erzählt "L'Innocente" mit dem distanzierten Blick eines Sterbenden. Über diesen Blick schrieb George Bataille: Die Leere, die Langeweile "gestattet es nicht mehr, weiterhin (wie die Wespe) mit Ungestüm an der Scheibe zu zerschmettern. Sie verleiht gewissermaßen dem Menschen, den sie bedrückt, die Möglichkeit, das Universum mit den hoffnungslosen und verständnislosen Augen der sterbenden Wespe zu betrachten." Dieses hoffnungs- und verständnislose Auge ist das Kamera-Objektiv in "L'Innocente". Visconti, der extrem karge Dekorationen des Neorealismus mit heftigsten Emotionen füllte (z.B. in

“Ossessione”, 1942) lässt hier den selbsternannten Übermenschen im Prunk, in den Details seiner Herrenhäuser versinken. Dieser Pomp ist der eigentliche Star des Films, er verschluckt die Körper im unüberschaubaren Chaos. Wieviel Vergeudung liegt alleine in dessen Säuberung, Entstaubung, Pflege? Wieviel unnütze Aufmerksamkeit, Rücksichtsnahme und Einschränkung verlangt er seinen Besitzern ab? Gegen seine Macht sind die asozialen Scheußlichkeiten des moralisch “befreiten” Grafen fast harmlos. Deshalb zeigt Visconti seinen Antihelden auch nicht mit scheußlichem Grinsen, wie ein damaliger Kritiker bemängelte. Selbst bei brutalsten Egomanien sind Hermils Augen traurig. Wie den vier Untätern aus den “Salò o le 120 giornate di Sodoma” bringt ihm alle Macht, alle Enthemmung nicht eine Sekunde an Erfüllung. Als er dies erkennt, begeht er Selbstmord.

Die Gräfin Raffo, Hermils eiskühle Geliebte, ist selbst beim Sex mit gerüschtem Nachthemd bekleidet. Dem wahrhaft freien, nackten Körper begegnet der Graf nur zweimal: In der Dusche des Fecht-Raumes und vor allem: In der Nacktheit seiner schönen Frau Giuliana. Bei ihr leider auch Symbol der Schutzlosigkeit gegenüber emotionaler Folter durch den Ehemann. Gegenüber ihrem Gewissen, gegenüber der eigenen Übersensibilität. Als einzige Identifikationsfigur des Films macht sie den Zuschauer zum Mit-Opfer.

Als bekannt wurde, dass Italiens Sex-Star Laura Antonelli die Giuliana spielte, sorgte die Presse für reichlich Vorschuß-Verspottung. Nach der Premiere versuchte der Filmkritiker der “Zeit” diese Vorverurteilung zu bestätigen, nannte Frau Antonelli in dieser Rolle überfordert. Nun, sein Geschreibsel ist vergessen, der Film und seine Darstellerin nicht.

Ich bin das Glück dieser Erde - Rainer Werner Fassbinder (zum 30. Todestag)

Viel lässt sich nicht mehr sagen,

ein Fremdkörper, nach wie vor,

nackt und gequollen,

vollgepumpt mit Aufputsch- & Beruhigungspillen,

die sich im Herzstillstand neutralisierten.

Auf dem Bauch gelegen,

das Gesicht im Drehbuch versenkt:

Der schönste Sex, der kam zuletzt,

mit 37 Jahren.

Jess Franco - Kino gegen die Vergänglichkeit

Nein, es gibt kein rundes Jubiläum für den spanischen Regisseur Jesús Franco Manera alias Jess Franco. Am 12. Mai 1930 geboren, liegt der 80. Geburtstag über ein Jahr zurück. Aber wozu sich an die etablierte Zahlenmystik der Publizistik halten? Für wirklich Wichtiges ist jeder Zeitpunkt richtig.

Es gibt Regisseure, die machen Kino. Und es solche, die *sind* das Kino. D.h. sie leben in ihm. Da ist der Mensch vom Medium untrennbar. Jess Franco gehört dazu. Sein Kino ist ein Exzess, zoomt atemlos auf Nacktheit, Blut, Übersinnliches und Poesie. Ein unersättliches Auge lenkt seine Kamera. Handlung und Dialoge sind nicht nur grottig, sondern völlig egal, sind reines Zugeständnis ans Publikum. Franco interessiert nur das Eindringen in Schlafzimmer und Särge. So sind seine eindringlichsten Werke tatsächlich „cinema pur", in denen der Handlungsfaden restlos verschwindet. Deshalb nennt er auf die Frage nach seinem gelungensten Film kein einzelnes Werk, sondern Einstellungen aus verschiedenen Filmen, betreibt eine Dekonstruktion westlicher "Meisterwerks"-Mythen, der Phantasie vom perfekten, in sich geschlossenen Monument. Antonin Artauds Forderung "Schluss mit den Meisterwerken" – Jess Franco hätte sie unterschrieben. Dabei schauen wir doch jeden Film, lesen wir doch jedes Buch wegen bestimmter Szenen oder Abschnitte. Der Rest ist immer nur langer Weg dorthin. Kein Werk ohne Durchhänger und Durststrecke. Warum also nicht die Fiktion vom (geschlossenen) Monument zugunsten einzelner Abschnitte auflösen? Deshalb die schnellen Drehs, das Fehlen von jeglichem "Aufwand". Franco versucht, 1:1 zum Lebenstempo zu filmen (in realer Existenz gibt es kein zweites Take), improvisiert Momente des Extremen und hält sie auf unzähligen Zelluloidmetern fest. Seit Jahrzehnten. Das Festhalten ist ihm so wichtig wie der Exzess selbst. Dahinter steckt große Todesangst, die er in jedem Film thematisiert. Dahinter steckt auch der verzweifelte Wunsch, hinter die Kulisse von Werden und Vergehen zu blicken, dem Schicksal in die Karten zu schauen. Ist es nicht seltsam, dass ein visuell Besessener das Panoptikum des Horrorfilms um einen blinden Seher bereichert? Nichts anderes aber ist Dr. Orloff in "Female Vampire". Nur, diese Blindheit läßt ihn Hintergründiges erkennen. Wie der blinde Seher Theresias einst unsichtbares Schicksal erblickte, so sieht auch Orloff verborgene Mächte am Werk.

Jess Francos Besessenheit vom Tod und dem Festhalten des Lebendigen spiegelt auch der Umgang mit den Schauspielern. Er ist radikaler Starfilmer, der seinen Actricen bedingungslos die Treue hält. Man erinnere an die wunderschöne Soledad Miranda, die 1973, im Alter von 27 Jahren bei einem Verkehrsunfall starb. Es sind Jess Franco-Filme wie "Vampyros Lesbos" (1970), in denen ihre Schönheit erhalten bleibt. Nach ihrem Tod war der spanische Regisseur am Boden zerstört, bis er auf die ebenso schöne Lina Romay traf. Wieder verliebte sich seine Kamera in ihren Körper, filmte sie in hochästhetischen wie wollüstigen Arragements. Besonders symphatisch: Trotz Romays zunehmenden Alters tauschte Franco sie nicht aus, selbst als 50jährige wird ihr nackter

Körper von seiner Kamera verliebt gestreichelt. Dieser Aufstand gegen das Vergehen ist vielleicht die radikalste Seite des Kino-Anarchisten. Kommerzielle Einbuße braucht er dabei nicht zu fürchten: Längst hat er sich vom großen Publikum verabschiedet, dreht nur noch für Kultisten und Fans, die solche Radikalität zu schätzen wissen. In den Siebzigern soll die katholische Kirche ihn als "The Most Dangerous Filmmaker" tituliert haben. Mag sein, aber aus ganz anderen Gründen, als die Kritiker glaubten.

„Die Zeit ist ein Abgrund, tausend Nächte tief"

Dialog zwischen Dracula und Lucy aus "Nosferatu" (1978):

LUCY: Der Tod ist groß. Wir sind alle die seinen. Die Flüsse fließen alle ohne uns. Die Zeit verrinnt. Und sehen Sie hinaus: Die Sterne treiben uns verwirrt entgegen. Nur der Tod ist grausam gewiß.

DRACULA: Sterben ist grausam für den Ahnungslosen. Aber der Tod ist nicht alles. Es ist noch viel grausamer, nicht sterben zu können. (...) Das Fehlen der Liebe, wissen Sie, das ist ein solcher Schmerz!

LUCY: Die Rettung kommt nur aus uns selbst. Und seien Sie sicher, ich schrecke nicht davor zurück, selbst das Unwahrscheinlichste zu denken.

V. RE-VIEW

The House of Dracula (1945) oder: Wenn die Monster müde werden, Missing Links im Horror-Genre

Der Bruch zwischen klassischem und modernem Horrorfilm wird meist so definiert: Der klassische führe das Publikum in eine Studiolandschaft aus zerfallenen Schlössern, geheimen Keller-Laboren und nächtlichen Nebelwäldern. In komplexer Ausleuchtung bilden sie die Kulisse für den Auftritt des Vampirs, des Werwolfs oder des Frankenstein-Monsters. Der moderne Horrorfilm hingegen spiele in Groß- oder Provinzstädten, an Open-air-Schauplätzen und das Ungeheur ist ein Nachbar, ein Mensch wie du und ich. Außerdem würden Attacken des Untäters ausführlichst gefilmt: Innereien quillen, Blut spritzt in die Kameralinse.

Filmwissenschaftler versuchen diesen Paradigmenwechsel durch sozialen und politischen Wandel zu erklären. Über den Bruch selbst herrscht unwidersprochener Konsenz. Die Geburt des modernen Horrorfilms wird um 1960 ff datiert. Gestartet mit Hitchcocks "Psycho" (1960), Herschell Gordon Lewis "2000 Maniacs" (1964) und George A. Romeros "Night of the Living Dead" (1968). Diese Datierung liegt allerdings 20 Jahre zu spät...

Um die Vorläufer des modernen Horrorfilms auszumachen, muss man Hollywoods zweite Horror-Welle (1939-1946) rehabilitieren, die oft nur als mäßiger Aufguss der ersten (1930-1935) Bewertung findet. Bestand sie doch weitreichend aus Fortsetzungen des Dracula-, Frankenstein- und Mumienstoffes. Dennoch war die Aufbereitung different und beinhaltet einige Missing Links in der Metamorphose von klassichem zum modernen Horrorfilm. So das B-Movie "Voodoo Man" (1944): Ort der Handlung war eine alltägliche US-Provinztankstelle, wie später in "The Texas Chainsaw Massacre" (1974). Die Komödie "The Ghost Breakers" (1940) antizipiert keineswegs nur die "Ghostbusters" (1985). Wenn Paulette Goddard im knappen Badeanzug aus dem nebligen See steigt und kurz darauf von einem hinkenden Zombie (Noble Johnson) verfolgt wird, ist auch Jean Rollins "Zombie Lake" (1985) nicht mehr fern. Oder: "The Ghost of Frankenstein" (1942), der erstmalig Innereien im Close-up zeigte, zeitgenössische Splatterfilme vorwegnehmend. Und 33 Jahre bevor Werner Herzog einen müden "Nosferatu" (1978) präsentiert, der blutgieriges Umherirren gegen ewigen Tod eintauschen möchte, erklärte "The House of Dracula" (1945) das gesamte Horrorpersonal (Dracula, Frankenstein, Werwolf) für therapiebedürftig. Vielleicht hatte der zweite Weltkrieg den kollektiven Blutdurst temporär beendet: Der Mensch wollte nicht länger Bestie sein. Gleich zu Beginn besucht Graf Dracula (John Carradine) den berühmten Forscher Dr. Edelmann (Glen Strange), will von der Blutgier befreit werden. Dr. Edelmann probiert eine Transfusion, spendet sein Blut für Dracula. Assistieren tut ihm, erstmalig in der "Frankenstein"- (Film-) Geschichte, eine Frau: Jane Adams als Schwester Nina, gutherzige Beauty-Queen, nur ihr monströser Buckel zerstört die körperliche Harmonie. Ein weiblicher Quasimodo, ein schreckliches Schicksal.

Kaum hat Draculas Therapie begonnen, meldet sich Lawrence Talbot (Lon Chaney Jr.), der Werwolf. Auch Talbot hat wilde Vollmondnächte endgültig satt. Edelmann züchtet ihm in unterirdischer Höhle eine seltene Heilpflanze. Mit ihr und einer OP heilt er den Werwolf physisch, während Schwester Miliza (Martha O'Driscoll) sich um Talbots Herz und Seele sorgt. Aber Miliza hat auch die Gier des Grafen Dracula geweckt. Der sabotiert die Transfusionstherapie, infiziert Dr. Edelmann mit Vampir-Blut und hypnotisiert das Objekt seiner Begierde. Das führt zu einer der schönsten Szenen aller "Dracula"-Filme: Milizia sitzt somnambul am Klavier, neben ihr: der Vampir. Sie spielt eine finstere Musik, von der Dracula sagt, sie repräsentiere seine Welt, seine Sphäre. Ein hochoriginelles Motiv: Das Innenleben eines Vampirs durch Musik zu artikulieren, intuitiv „komponiert" von einem hypnotisierten Opfer. Dracula beugt sich zu Milizia, will sie beissen. Da hebt sie ein Kruzifix aus der Tiefe ihres Dekoltés hervor, was den Blutsauger zurückschrecken läßt. Der Gekreuzigte hing bis dahin also genau zwischen ihren Brüsten... Nachts wird Dr. Edelmann, mit Vampirblut infiziert, selbst zum Dämon, zum Mr. Hyde. Bei der ersten Metamorphose sieht er mit Schrecken, wie sein Spiegelbild verschwindet, sich langsam in Nichts auflöst.

Regisseur Erle C. Kenton, spätestens seit "Island of lost Souls" (1933) mad-scientist-erfahren, inszenierte die letzten drei Teile von Universals „Frankenstein"-Serie: "Ghost of Frankenstein" (1942), "House of Frankenstein" (1944) und eben "House of Dracula" (1945). Der wurde von früheren Kritikergenerationen (William K. Everson & Nachfolger) meist als schlappes Schlusslicht verrissen. Dabei bietet er nie dagewesene (und nie wiederholte) Motiv- & Bild-Ideen sowie interessante psycho-politische Subtexte: Etwa in der Gestalt des Dorf-Irren, der die Bewohner zum Sturm gegen Dr. Edelmanns Schloss und das neuerschaffene Frankenstein-Monster treibt. Ein Wahnsinniger als Kriegshetzer. Warum das funktioniert? Weil der "Wahnsinn" zur letzten Wahrheit der "Gesunden" wurde.

Dionysos auf der Titanic

"Dantes Inferno" (USA 1935, Regie: Harry Lachman): Der Jahrmarkt-Darsteller Jim Carter erhält die Chance, seine eigene Hölle, eine Geisterbahn-Version von Dantes "Inferno" zu errichten. Der Mix aus Grauen und Bildung funktioniert: Der Rubel rollt – und Carters Charakter wandelt sich. Um Geld zu sparen, missachtet er Sicherheitsvortschriften. Die Papphölle bricht zusammen. Ebenso seine Existenz. Zwar schwört Jims Frau vor Gericht einen Meineid zu seinen Gunsten, verläßt ihn aber daraufhin. Jim rafft sich auf, investiert in einen Luxusdampfer, an dessen Jungfernfahrt er selbst teilnimmt, gemeinsam mit seinem kleinen Sohn. Plötzlich bricht Feuer aus. Eine "Titanic"-Situation entsteht. Panisch verlassen die Heizer ihren Platz. Eine existenzielle Chance für Jim: alleine im Heizraum – dessen dichter Rauch der Film mit dem Höllenfeuer assoziiert – treibt er das Schiff an die Küste, rettet die Passagiere.

Er durchläuft ein persönliches Purgatorium, an dessem Ende er die Liebe seiner Frau zurückgewinnt. Regisseur Harry Lachman deutet die Hölle als Gier und die Aufopferung als Läuterungsprozess.

Der Luxusdampfer entflammt durch die Unachtsamkeit eines Passagiers. Jedoch entflammte zuvor eine junge spanische Tänzerin das übersättigte Publikum. Ihre Lebendigkeit, ihr wirbelnder Drehtanz ließ Funken sprühen, die Zuschauer und Schiff entflammten, symbolisch zur Zündung führten. Ihr „Feuer" materialisierte sich im brennenden Schiff. Eine Parallelmontage macht das deutlich. Dionysos initiiert den Läuterungsprozess. Zerstört das platte "Vergnügen".

Dargestellt wurde diese Tänzerin übrigens von der damals 16jährigen (Marga)Rita Cansino, spätere Rita Hayworth, die in "Dantes Inferno" ihr Debut gab.

Auch in folgenden Rollen, als "Gilda" (1946) beispielsweise, sollte sie Feuersbrunst in Männerseelen auslösen, sie zum Kentern bringen. Aber aus kühler Distanz heraus. Nie mehr physisch so involviert wie im Wirbeltanz ihres Debuts, wurde sie Teil jener Vergnügungswelt, die sie in "Dantes Inferno" zerstörte.

The Maze (1953) oder: Der Anti-Froschkönig

Filmausstatter William Cameron Menzis ("Gone with the Wind") demonstrierte als Regisseur von 3-D-Filmen weniger deren Effekt- als das Ästhetik-Potential: Er lässt die Kamera tiefenwirksam durch große Schloßzimmer und -Gänge fahren. Die sind wie leergeräumt, befreit von allem Plunder: Aufnahmegerät, Akteur/inn/e/n und Nebelschwaden haben reichlich Bewegungsfreiheit. Und 27 Jahre vor "Shining" (1980) eilt die Kamera durch ein (hochplastisches) Labyrinth, in deren Mitte der Schrecken lauert. Aber kein Schrecken für das vermeintliche Opfer. Im Gegenteil: Es ist das gefürchtete Wesen, ein zweihundert Jahre alter Riesenfrosch, der aus Angst vor den Besucherinnen, den "eindringenden" Frauen zittert.

Und mit wieviel Prunk, wieviel Aufwand an Zeremonie, schützt Schlossherr Gerald den

Frosch, sein 200jähriges Selbst. Er geleitet ihn mit Dienerschaft durch die Gänge des eigenen (Seelen-)Labyrinths, ehe das Tier im Unbewußten des Gartenteichs ertrinkt! Als hinge sein Leben an ihm, dem Rudiment der Reptilienzeit. Wie einen König, einen absoluten Herrscher, versteckt Gerald ihn mit abgeschlossenen Türen und Tüchern vor der Außenwelt. Dagegen weiß seine Geliebte Kitty: Nur, wenn ich dem Riesenfrosch zeige, dass ich keine Angst, keinen Abscheu ihm gegenüber verspüre, erst dann erlangt er Frieden. Der „Frosch" schämt sich nämlich seiner Häßlichkeit. Vielleicht liegt Scham auf dem Grund aller Ängste?

"The Maze" ist das finstere Gegenstück zum Märchen vom Froschkönig, wo ein Kuss die Kröte zum schönen Prinzen wandelt. Bei William Cameron Menzis läuft es umgekehrt: Da lauert im schönen Prinzen ein häßlicher, zehrender Frosch.

Kinostart vor 45 Jahren: "Jesse James meets Frankensteins Daughter"

Das stärkste Argument für Trash-Kultur liegt in ihrer Hemmungslosigkeit. Hat die Hochkultur moralische Tabus liquidiert, so leistete die Trashkultur Pionierarbeit beim Einreissen von Geschmacksgrenzen. Indem sie z.B. unterschiedlichste Genres bis an die Grenze zur Parodie vermischt. Ein perfektes Beispiel dafür ist "Jesse James meets Frankenstein's Daughter" (1966). Frankenstein im wilden Westen. Es beginnt in einer mexikanischen Wüstenstadt. Sturm tobt, Blitze zischen durch dunkelblauen Himmel. Im Hintergrund ein Präriehügel, auf dem ein schlossähnliches Haus thront. In ihm brennt Licht. Schnitt zum Fenster des Hauses: Maria, Frankensteins Tochter, genießt das Unwetter. Äußerlich zart und elegant, hat sie das Herz einer Lady Macbeth. Ihr Ziel: In Vaters Fußstapfen zu treten, den künstlichen Menschen zu erschaffen. Da passt es gut, dass Revolverheld Jesse James ärztliche Hilfe für seinen verletzten Freund sucht... Regisseur William Beaudine sampelte in seinem letzten Film Open-Air-Aufnahmen von Wäldern und Wüsten mit hochstilisierter Studiokulissen. Coole Westernhelden geraten durch Geheimtüren in Science-fiction-Labors, eine pralle Señoriata trifft auf ein muskulöses Monster, das Jim Shermans "Rocky Horror Picture Show" (1977) inspiriert haben dürfte. Von den poppigen Farben ganz zu schweigen. Zwar hat der Film wenig "Horror"-Atmosphäre, aber Regisseur Beaudine hat ja schon bei seinem finsteren "Sparrows" (1926) mehr auf Action als auf Thrill oder Suspense gesetzt.

„Man Eater" - Ein Prequel zur Odyssee

Aristide Massaccesi, unter dem Pseudonym "Joe D'Amato" agierender "Exploitation Dynamo", ist hierzulande durch zahlreiche Erotikfilme mit „Black Emanuelle"-Star Laurette "Laura" Marcia Gemser bekannt. Dass diese Kommerzfilmchen ein Negativecho provozierten, ist kaum verwunderlich. Dass jedoch zehntklassige Provinzkritiker sich berufen fühlten, auf der charismatischen Hauptdarstellerin rumzuhacken, ihr jedes Talent abzusprechen, gehört ins Archiv publizistischer Peinlichkeiten.

Neben den Laura Gemser-Filmen ist der Horror-Kracher "Man Eater" (Anthropophagus, 1979) D'Amatos berühmtestes Werk. In einer trashigen PR-Kampagne warnte der deutsche Verleih, "Man Eater" sei so schrecklich, dass er die seelische Gesundheit des Publikums gefährden könne. Das hätte er freilich nie gekonnt, dafür waren die Spezialeffekte einfach nicht überzeugend genug - auch nach damaligen Standards. Macht aber nichts, schließlich zählt die schlimme Absicht: Zensoren und Staatsanwälte aller Länder vereinigten sich, zerschnitten und beschlagnahmten das Werk. Auch hierzulande war er ungeschnitten nicht zugelassen.

Und heute, 32 Jahre nach dem Skandalerfolg? - ist der Film immer noch unendlich "roh", vom Willen unbedingter Grenzüberschreitung getrieben. Das zeigen weniger die Splatter-Szenen, als seine gesamte Form:

Unheimliche Impressionen wie das Reflektieren der Heldin in Spiegelscherben (drohendes Zersplittern der Persönlichkeit) stehen neben banalstem 70er Jahre-Zooming und ätzendem Electronic-Sound. Die Darsteller spielen distanziert wie auf der Brecht-

Bühne, wie Abstraktionen ihrer selbst, die Simplizität der Dialoge ist kaum zu überbieten. Und doch - plötzlich! - schießt aus dem Kellerversteck, aus tiefstem Dunkel eine schreiende Frau hervor, stößt mit dem Messer zu. Keine Mordgier, sondern panische Angst ist ihr Antrieb. Die Gewalt des Archaischen bricht durch: Der heiße Atem des Kannibalen, sichtbar in kalter Höhle, macht ihn gänzlich zur Bestie. Oder der grelle Tageshimmel über der Ägäis, die den Schiffbrüchigen Verstand und Leben raubt, zum Mord treibt. Die halluzinativen Sonnen eines George Bataille brennen sich ins Zelluloid, lassen die Vernichtungskraft der Elemente ahnen. Dann das Finale: Wenn der Kannibale (George Eastman) aus dem Brunnen kriecht, zu seinem letzten Opfer, Julie, wankt, die ebenso langsam zurücktritt, vor dem Hintergrund eines zerfallenden Hauses. Endzeit liegt in der Luft. Der tödlich verletzte Untäter sinkt vor Julie auf die Knie, frisst die eigenen Innereien, schaut sie dabei mit weitgeöffneten Augen an. Mit einem Blick, der sich jeder Deutung verweigert, der Schmerz, Ohnmacht und Sehnsucht zugleich birgt. Dann stirbt er.

“Man Eater” ist auch Prequel zur Odysee: Er erzählt die Vorgeschichte des Zyklopen Polyphem, ehe er die Mannschaft des Odysseus in seiner Höhle verspeiste. Bevor er Touristen in die Nahrungskette integrierte. Und er zeigt – auf anderer Ebene – auch die Kräfte des Lebens im Kampf gegen das Verschlungenwerden: In manchen Momenten entdeckt man in Tisa Farrow, Tochter der Schauspielerin Maureen O‘Sullivan, Ähnlichkeiten mit ihrer Erzeugerin. Trotz aller Differenz. Auch das ein Ergebnis genetischer Kämpfe um Fortbestand. Oder, weniger biologistisch, in den Worten Khalid Gibrans: “Eure Kinder sind nicht eure Kinder. Sie sind Söhne und Töchter der Sehnsucht des Lebens nach sich selber. Sie kommen durch euch, aber nicht von euch." A propos Tisa Farrow: Zwar findet sie in David Furys “Maureen O‘Sullivan”-Biographie und den Memoiren ihrer Schwester Mia Farrow Erwähnung als Schauspielerin, aber einen Hinweis darauf, welche Filme sie drehte sucht man vergebens. Als ob man ihr Werk, bestehend aus Horror- & Splatterfilmen, verschweigen wollte. Lediglich der Schauspieler George Eastman erklärte, warum Tisa Farrow im "Man Eater" spielte. Als das Online-Magazin "Wicked Vision" ihn fragte: "Haben Sie eigentlich damals schon gewußt, daß Ihre Schauspielkollegin in ‚Antropophagus', Tisa Farrow, die Schwester der damals ja schon berühmten Mia Farrow und die Schwägerin von Frank Sinatra ist?", antwortete Eastman: "Ja, wir wußten es. Tisa war zu dieser Zeit in den Bruder D'Amatos verliebt, Nando Massaccesi, ein Beleuchtungstechniker. Sie hatte ihn in den USA während der Aufnahme eines anderen Filmes kennen gelernt und seinetwegen kam sie nach Italien, um diesen Film zu drehen." (1) Nur, sie drehte anschließend noch weitere Italo-Splatterfilme. Ausschließlich die Liebe wird's also nicht gewesen sein. Wie auch immer, 1985 gab Tisa Farrow das Schauspielen auf. Oft brechen besonders radikale Künstler wie Arthur Rimbaud plötzlich ihr Schaffen ab, widmen sich einer gänzlich rosaischen Tätigkeit – für den Rest ihres Lebens. Tisa wurde Taxifahrerin in New York, erlernte schließlich den Beruf der Krankenschwester: Wieder täglicher Umgang mit zerstörten Körpern, eine direkte Fortsetzung ihrer Schauspielarbeit.

Problematisch ist (mal wieder) die digitale Restauration auf diversen DVD-Editionen. Nur der Trailer zeigt noch, wie passend "dirty" die Ästhetik des Films einmal war.

Godard "meats" Man Eater: Vorschlag für ein Double Feature

Letzte Woche betrauerte Thomas Assheuer in der "Zeit" das Schweigen der Intellektuellen über den Zusammenbruch Europas. Keiner versuche eine neue Kontinental-Vision, jenseits der bröckelnden Währungsunion. Hätte Assheuer sich, bevor er in die Tasten schlug, doch nur Jean Luc-Godards "Film socialisme" (2010) angesehen! Er hätte gewußt, warum die Intellektuellen nicht länger für Politiker und Spekulanten die Scheiße aus dem Klo holen können.

Europa, so heißt es im "Film socialisme", das war ein deutscher Musiker und ein französischer Schriftsteller. Mit dem deutschen Musiker dürfte Beethoven, mit dem französischen Autor Balzac gemeint sein. Denn Beethovens Musik ertönt auf der

Tonspur, und das Cover von Balzacs “Verlorene Illusionen” erscheint als Close-up. Es gibt keine „europäische Kultur” mehr, lediglich den globalen Kunstmarkt. Der aber trägt so wenig wie die Vision des gemeinsamen Geldverdienens (“Euro”). Selbst ein Neomythologe wie Botho Strauß empfahl jüngst, ökonomische Standardwerke zu lesen, damit der Bürger im Wichtigsten nicht unmündig bleibe. Bliebe noch Europa als Heimat der Menschenrechte. Aber auch die werden zunehmend dem Markt geopfert. Was also bleibt? Godard zeigt einen Luxusdampfer mit langweiliger Gesellschaft, die eine Kreuzfahrt zu jenen Orten unternimmt, in denen die europäischen Gründungsmythen entstanden: Orte wie Rom, Hellas oder Konstantinopel. Es gibt keine Handlung, keine Charaktere. Jede/r spult Zitatfragmente ab, aus Texten von Heidegger bis Badiou. Die Personen werden zu Medien, ohne sich vom Gesagten einnehmen zu lassen, ohne es zu durchdringen. Pure Reproduktionsmaschinen.

Es war ein langer, 50jähriger Weg vom existenzialistischen B-Movie “A bout de souffle” (1960) zum Euro-Requiem “Film Socialisme” (2010), nach Godards eigener Aussage sein letzter Film. Als vielschichtiges Zitatenspiel ist er einer Ästhetik verpflichtet, die man mal als „postmodern” bezeichnet hat. Die Postmoderne, die Totenglocke großer ideologischer “Erzählungen”, schien 1989 vorbei. Plötzlich gab es doch eine Welt, ein Geld, ein Europa, eine Währung. Die universelle Vernunft des freien Marktes war die neue Großerzählung des Westens, der “ontologische Alleskleber” (Peter Sloterdijk) der liberalen Welt. Jetzt, wo der Konsumismus splittert, bricht die Erkenntnis durch: Darunter herrschte gähnende Leere. Die Fragen der Postmoderne sind wieder aktuell. Manch einer scheint das zu ahnen. Retro-Ausstellungen zum Phänomen „Postmoderne” kommen wieder in Mode.

Man sollte Godards Film mit Joe D‘Amatos “Man Eater” (1980) als Double-Feature zeigen. Im Verschmelzen beider Endzeitvisionen käme es dem Zuschauer vor, als lande Godards Luxusdampfer zuletzt am Strand jener ägäischen Insel, wo der griechische Man

Eater sein Unwesen treibt. Dazu passt auch die berüchtigste Szene aus D'Amatos Film: Wenn der Unhold eine schwangere Frau erwürgt, ihr den Fötus rauszerrt, um ihn zu fressen. Der Raubtierkapitalismus verschlingt die eigenen Kinder, seine Zukunft. Götter wie Saturn haben das schon in archaischer Zeit getan. Selbst in der Schlussszene, als tödlich Verletzter, ist der "Man Eater" noch Sklave seiner Fressgier: Er reisst sich selbst die Innereien raus, um sie zu verschlingen. Genauso, durch Selbstverzehr, endet auch der globale Neokannibalismus anno 2011.

Der Horror-Alligator oder Soziologie des Wegwerfens

Chicago, 1980: Nach dem Besuch im Tierpark sieht der Junge einen Händler, der kleine Alligatoren verkauft. Natürlich will er einen haben. Die Mutter gibt dem Drängen nach und schon wechselt ein Babyreptil den Besitzer. Schnitt! In der Wohnung der Familie: Der Vater ist von dem Neuerwerb des Sohnes gar nicht begeistert, die künftige Größe des Tieres bereitet ihm Sorge. Ergo spült er den kleinen Alligator ins Klo. Der rutscht durch die Rohre in die Kanalisation. Neugierig erkundet er die dunkle Umgebung. Ob er Angst hat, wissen wir nicht, Reptilien fehlt der mimische Ausdruck.

Dort, viele Meter unter den Straßen Chicagos, dem Bewußtsein der Einwohner entzogen, trifft er auf "diskret" entsorgten Atommüll. Dessen radioaktive Strahlung lässt ihn wachsen. Sehr stark wachsen. Bald kehrt er an die Oberfläche zurück und läßt die Stadt erzittern.

Soweit Lewis Teagues Film "The Alligator" (1980), ein weit unterschätztes B-Movie. Als Produkt des billigen Wegwerf-Kinos, reflektiert es den Akt des Wegwerfens selbst, der auch vor Lebewesen nicht einhält.

Eine Gesellschaft von extremer Produktion verlangt nach extremer Entsorgung. Und dabei findet so manches zusammen. Beispielsweise in London, vor wenigen Wochen: Slumbewohner stürmten die Einkaufsstraßen, zerstörten und plünderten zahlreiche Läden. Die öffentlichen Reaktionen verrieten nur obligate Ignoranz und

Ahnungslosigkeit: Regierungschef David Cameron leugnete jeden Zusammenhang zwischen seinen – kurz zuvor beschlossenen – Sparmaßnahmen, die Richter verurteilten die Angeklagten im Schnellverfahren, mit drakonischem Strafen, um ein "Exempel zu statuieren". Ein Großteil der Bevölkerung verlangte die Wiedereinführung archaischer Sippenhaft, fordete via Petition den Entzug der Sozialhilfe für "Täterfamilien". Manche Medien wollten gar Migranten als Haupttäter "identifizieren". Das erwies sich nicht nur als falsch, sondern als doppelt infam, da zahllose Migranten sich den plündernden Massen in den Weg stellten, fremde Läden mit Leib und Leben verteidigten. Das waren Araber und Inder – keine "Bio-Britten".

Vielleicht sollte man die Londoner Randale nicht isoliert, sondern als Hardcore-Variante jener Unruhen deuten, die derzeit Griechenland, Spanien und Italien erschüttern. Es ist die Wiederkehr der Weggeworfenen. Was aber heißt "Weggeworfen"? Schließlich läßt man sie doch nicht sterben. Die Gesellschaft beruhigt ihr Gewissen durch steuerfinanzierte Sozialhilfe, übernimmt existenzielle Grundkosten für Wohnung, Essen, Kleidung. Man hält sie also am Leben. Das Problem ist nur, dass genau das nicht genügt. Tatsächlich haben die Londoner Plünderer kaum Lebensmittelgeschäfte ausgeraubt, keine lebensnotwenigen Dinge, sondern Luxusgegenstände wie Plasmafernseher gestohlen. Statussymbole, deren Besitz soziale Zugehörigkeit symbolisiert. Dazugehören heißt: Bestandteil jener Gesellschaft zu sein, die über Einkommen verfügt. Auch wen man (biologisch) überleben läßt, dessen Selbstbewußtsein zerbricht dennoch am Brandmal des Überflüssigen, Unnützen, Ausgesonderten. Eine Demütigung, die durch Kosenamen wie "Schmarotzer" oder "Parasiten" in neoliberalen Medien zusätzliche Steigerung erfährt. Man gibt ihnen Gnadenbrot und beschimpft sie im gleichen Zug. Willkommen in der Schizophrenie.

Die Zeiten des Klassenkampfs sind vorbei. Geringverdienende streiten nicht mehr gegen Bessergestellte. Der Graben verläuft jetzt zwischen "überflüssigen" Nichtverdienern und

Erwerbstätigen, auch wenn deren “Erwerbsquelle” nur aus einem Minijob besteht. Ähnlich in Berlin, wo nicht allein die Autos der Reichen, sondern auch des Mittelstands und der Unterschicht in Flammen aufgehen. Wieder zur Verwunderung zahlreicher Medien, deren Schreiber weiterhin in Klassenkampf-Kategorien “denken”.

Und damit sind wir wieder beim “Alligator”: Auch der zerbeisst nach atomarer Mutation wahllos alle Vertreter jener Spezie, die ihn einst entsorgte. Als er eine High-Society-Hochzeit überfällt, zerreisst er neben dem langweiligen Bräutigam, einigen Top-Managern leider auch das Serviermädchen: Das Tier mordet quer durch die Klassengesellschaft. Seine Destruktivität hat mit lebenserhaltendem Fressen nichts zu tun, er beisst lediglich tot, zertrümmert Immobilien und Gegenstände. Ihn beherrscht die pure Zerstörungswut. Schon im “Horror-Alligator“ teilt sich die Welt in Etablierte und Weggeworfene, ohne jede Staffelung.

Wir sind alle Vampire - Tim Fehlbaums "Hell"

Eigentlich sollte “Hell”, das Debut des Jungregisseurs Tim Fehlbaum, ja ein Zombiekracher werden. Aber die USA bediente dieses Genre derart flächendeckend, dass die Produktion den Schwanz einzog. Das ist doppelt tragisch, da Zombies hierzuande ihr Dasein fast ausschließlich in der Independent-Szene führen: Von Andreas Schnaas durchgeknalltem “Zombie 90 - Extreme Pestilence” (1991) bis zum ZDF-Spiel “Rammbock” (2010). Aber ein besessener Regisseur gibt niemals auf. Auch nicht Fehlbaum. Der wechselte heimlich von Zombies zu Vampiren, tarnte seine Unholde als normale Menschen, schob das Vampirische in die Sub-Ebene, und verkaufte den Stoff als Endzeit-Movie. Da konnte Roland Emmerich, mit Filmen wie “2012” selbst Vertreter filmischer Apokalyptik, nicht länger widerstehen: Er produzierte das Projekt des 29jährigen Schweizers. Das Resultat heißt “Hell” (Wortspiel aus englischer “Hölle” und deutscher “Helligkeit”), es zeigt die Erde im Jahre 2016 als restlos von der Sonne verbrannt. In blendend grellen Bildern verkohlt sie Vegetation, Tiere und Menschheit.

Was daran vampirisch ist? - Bilder von grellen Sonnenstrahlen, die das Fleisch zum Brennen bringen, gehören seit "Nosferatu" (1921) zum festen Inventar des Vampirfilms. Die Untote in "La fiancée de Dracula" (2001, R: Jean Rollin) oder das blutsaugende Paar in "Thirst" (2008), sie alle starben bei aufgehender Sonne, mit Brandwunden übersät. Weil Vampirjäger sie dem Tageslicht aussetzten, oder weil sie – wie Nosferatu – im Blutrausch die Zeit vergaßen. Wenn ein Film wie "Hell" nun den Sonnenstrahl für alle Menschen tödlich macht, erklärt er die gesamte Spezie zu Vampiren: Während die Menschheit den Planeten "aussaugte", vergaß sie ganz, dass sie die Ozonschicht zerstörte, und damit auch ihren Sonnenschutz... So erzählt Fehlbaum einen modernen Nosferatu-Mythos. Dabei läßt er das obligatorische Grüppchen Überlebender, das auf dem Highway nach einer Oase der Hoffnung sucht, auf eine irre Kannibalin (Angela Winkler) treffen. Mit ihr hat der Regisseur doch noch einen (entmythologisierten) Zombie in die Handlung geschmuggelt. Folglich bietet "Hell" im Subtext großen Genre-Mix, der vor allem eins demonstriert: Das Universum ist ein großer Sarg.

Der Tod ist ein Hippie: "Underwater Love" – A pink Musical (Japan, 2011)

Die Mittdreißigerin Asuka arbeitet in einer Fischfabrik. Ihr verstorbener Jugend-Lover Tetsuya Aoki lebt als "Kappa" (einer Art Wassermann mit Schnabel, der sich favoriert von Gurken ernährt) im Teich nebenan. Er bringt Asuka zum Oberhaupt der Kappas, der ihr eine riesige, fleischige „Analkugel" schenkt. Wenn sie die in ihren Anus schiebe, könne sich der Todesgott ihr nicht nähern. Kein leichtes Unterfangen für Asuka, aber nach mehreren Anläufen gelingt es ihr.

Der Todesgott, ein Hasch rauchender Hippie im Streifenkleid, mit langem Haar und Stirnband, greift sich Tetsuya Aoki als Ersatzbeute: "Du kommst bestenfalls als Kuhscheiße zurück" eröffnet er dem Sterbenden.

Asuka findet ihren toten Lover bei einem Wasserfall, holt seinen – noch eregierten – Schwanz heraus, befriedigt sich ein letztes Mal.

"Underwater Love", eine deutsch-japanische Co-Produktion, entstand in 5 ½ Drehtagen. Die Relation gedrehter & verwendeter Takes lag bei 1:1. Dabei gelingt ihm eine seltene Perspektive auf die menschliche Existenz, auf die Tragödie von Liebe und Tod: Er zeigt sie als unendlich dumm und albern. Der Tod ist nicht bedrohlich, er ist bescheuert. Seine rituelle Abwehr durch den Menschen erscheint ebenfalls absurd. Romantische Liebe, rasender Eros bis zur Zerstörung (wie "Ai no Corrida") transformiert zum neurotischen Gezappel. Oshima & Achternbusch goes "Zombie-Lake". Ein kleines Trash-Juwel.

Schleimmonster goes Wagner-Oper: Cronenbergs „A dangerous method"

Dass der Dramatiker Christopher Hampton mehr auf Dialog anstatt szenischer Aktion setzt, ist seit seiner Bühnenfassung der "Dangerous Liaisons" bekannt. Daran änderte auch die eigene Drehbuchadaption nichts: Der Film (1989) missriet zum öden Dialogdrama. Solche Gefahr bestand auch, als Hampton seine Bühnenfassung der Spielrein-Jung-Freud-Relation, "A dangerous Method", zum Filmskript umschrieb. Tatsächlich balancierte er wieder an der Grenze zum Hörspiel, wäre David Cronenberg nicht der Regisseur gewesen. Auch wenn der diesmal auf die Materialisierung psychischer Erkrankung zu schleimigen Ungeheuern (wie in "The Brooth") verzichtet hat. Auch wenn sein einziger Special-effect, wie er im Interview gesteht, Keira Knightley bzw. ihr monströses Spiel gewesen sei. Trotzdem ist "A dangerous Method" mehr als ein Hampton-Dialogdrama: Cronenberg inszeniert es als Wagner-Paraphrase.

Wenn Keira Knightley als hysterische Sabina Spielrein zur Behandlung nach Burghölzli reist, in der Kutsche bizarre Grimassen zieht, den Unterkiefer verschiebt und die Extremitäten verrenkt, dann entspricht das einerseits den historischen Fotodokumenten, anderseits gibt sie diesen Symptomen eine Interpretation: Diese ruckartigen Bewegungen müssen schreckliche Gedanken unterbrechen, abwürgen, wegschieben: Je mehr ihr Therapeut C.G. Jung in der seelischen Wunde stochert, desto bizarrer ihr Gebärdenspiel. Bald darauf spazieren Analytiker und Patientin nebeneinander auf einer

Brücke. Unter ihnen ein tiefer Gebirgs(ab)grund: Eine treffende Metapher für den Therapieprozess.

Bereits in jungen Jahren erkannte Sigmund Freud, dass Richard Wagner „einen Sinn für‘s Psychische" besitze, "der erstaunlich" sei. Tatsächlich gilt der Musikdramatiker mit Werken wie "Tristan und Isolde" als romantischer Ahnherr der Psychoanalyse. Auch Carl Gustav Jung zollte Verehrrung an Mensch und Werk, während Sabina Spielrein dem "Ring des Nibelungen" geradezu verfallen war. Obwohl sie das "Rheingold" favorierte, stellt Cronenberg Assoziationen zum "Siegfried" her: Orchestrale Auszüge wie das „Siegfried Idyll" finden als Soundtrack Verwendung. Dienen aber nicht als pure Emotionsverstärker, sondern schaffen Bezüge: Das Dreieck Sigmund Freud - C.G. Jung - Sabina Spielrein erfährt Spiegelung im Patriarchen Wotan, dem aufständischen Siegfried und der Wallküre Brunhilde. Letztere steht wie Sabina Spielrein im Zwiespalt zwischen dem Revoltierenden und dem Patriarchen. Bei Cronenberg wie den frühen Analytikern herrschen nicht mehr die Gesetze der Götter. Stattdessen präsentiert sich die Psychostruktur als Schicksalmacht, aus deren Zwang man sich befreien muss.

Mögen manche Dialoge zu sehr dem Wissenschaftsjargon verhaftet bleiben, dennoch arbeitet Hampton die differenten Standpunkte der drei Forscher klar heraus, macht den späteren Bruch inhaltlich nachvollziehbar: Jung sucht im Metaphysischen, um dem Patienten Sinn und ein erstrebenswertes Selbstbild zu vermitteln, Freud glaubt das Glück des Menschen auf der Trieb-Ebene zu finden, und Sabrina Spielrein entdeckt eine Ich-zerstörende Dimension innerhalb der Libido, den Todestrieb.

In früheren Jahren bekämpfte der studierte Biochemiker David Cronenberg seine Todesangst durch brutale Konfrontation. "Der wirkliche Horror ist, in einen Spiegel zu schauen und festzustellen, daß das eigene treulose Fleisch an den Knochen fault, dass der Tod schon an der Arbeit ist." (1) Dagegen kreierte der kanadische Regisseur eine Biosphäre der Mutationen, brökelnder Körper, tödlicher Parasiten und genetischer

Knalleffekte. Auch C.G. Jungs Interesse an Telepathie führte in “Scanners” (1980) nur zu explodierenden Schädeln. Der schöne, der erotische Körper blieb in Cronenbergs Werk meist (unter Kleidung) verborgen. Weshalb Nacktszenen den männlichen Stars vorbehalten blieben, vor allem wenn der Körper (wie in “The Fly”, 1985) mutierte. Das ist in “A dangerous method” nicht anders: Die Körper der Protagonisten verschwinden geradezu im historischen Kostüm - und das bei diesem Thema! Keira Knightley, die zu Beginn ihr weißes Kleid autodestruktiv beschmutzte, ist nach der Heilung derart ätherhaft, dass sie Jungs Vermutung zu bestätigen scheint: Es gibt tatsächlich Geistwesen.

(1) D. Cronenberg, zit. n. Hans Schifferle: Die 100 besten Horrorfilme. München 1994. S. 11

Printed by Books on Demand GmbH, Norderstedt / Germany